Florence Hinckel

À toi

junior
oskar
éditions

L'auteure a bénéficié d'une résidence d'auteur à Vauvert, pour travailler à ce texte.

JANVIER

Chapitre 1
Écrire

Chère Anne,

Écrire fait partie de ma vie.

Bon, d'accord, ma vie n'est vieille que de quatorze ans et onze mois. Pourtant, je le dis. Ou plutôt je l'écris. J'écris tout le temps. Même quand je n'écris pas pour de vrai, j'écris tout de même. Dans ma tête. Je forme des phrases que je destine à être couchées sur le papier. Au bout du compte, elles le sont rarement, parce que je les oublie. Ma pensée serait une forme d'écriture très éphémère.

J'ai commencé à écrire vers dix ans, et je lis énormément.

Mon écrivain préféré, c'est toi, Anne Frank. Hélas, tu n'es plus là. Je ne pourrai jamais discuter avec toi. Tu étais une petite fille, morte dans un camp de concentration pendant la Seconde Guerre mondiale, à l'âge de quinze ans. Tu écrivais à une amie imaginaire nommée Kitty. Tu commençais toujours tes lettres par « Chère Kitty », puis tu les terminais par « À toi. Anne ». Tu voulais peut-être dire « à toi de m'écrire, maintenant ». Bien entendu, personne ne t'a jamais répondu. Pourtant, des milliers de gens ont fini par lire tes lettres. Des milliers de petites et jeunes filles. En écrivant « à toi », tu t'adressais sans le savoir à tous tes lecteurs.

Je possède un carnet à couverture rouge. Les pages sont striées de lignes bleues. Mais elles sont trop espacées. Si je les suivais, je terminerais ce cahier en à peine un mois. Alors je trace au fur et à mesure une autre ligne entre chacune d'elles. Je ne sais pas pourquoi, mais j'ai besoin que mon écriture soit bien serrée. Et tous les jours, j'écris en commençant par « Chère Anne »... Et je finis par « À toi. Kitty ». Pourtant, je m'appelle Chloé.

C'est comme si tu m'écoutais. Parfois, je regarde des photographies de toi. Je te ressemble un peu. Je suis brune et mince, et je souris souvent. Je te regarde, sagement accoudée à un bureau, et je vois une flamme dans ta poitrine. Je pense parfois que je suis ta sœur de flamme. J'ai collé ton portrait dans mon journal.

Il me sera difficile de dépasser quinze années, un mois et vingt jours, âge où tu as écrit pour la dernière fois dans ton journal. J'aurai l'impression de te trahir. Je pense qu'après cet âge, je ne pourrai plus t'écrire. Je ne pourrai plus usurper l'identité de Kitty. Peut-être bien que je ne pourrai plus écrire du tout. Ou il faudra que je disparaisse.

J'y pense de temps à autre.

Je n'y songe pas avec tristesse. Bien au contraire.

C'est que je regarde les adultes, et vraiment

quelque chose m'échappe. Je me dis que je ne pourrai que rester jeune fille dans un monde de grands, ou bien ne pas entrer dans le monde des grands. Cela peut être beau de s'arrêter sur le bord de ce monde-là, si l'on a vécu pleinement auparavant. J'ai déjà presque quinze ans, et je suis assise sur la frontière.

Souvent, j'observe maman. Je ne suis heureuse que lorsqu'elle sourit. C'est très aliénant mais c'est ainsi. C'est comme si j'étais elle. Le problème, c'est que souvent, elle ne sourit pas. Je vois ce voile devant ses yeux, et alors je la déteste. Dans ces cas-là, j'écris plus que les autres jours.

À toi,
Kitty

Chapitre 2
Le marronnier

Chère Anne,

Je pense souvent à ton marronnier. Il y a quelque temps, ils en avaient parlé aux informations. Il était attaqué par les parasites. À moitié pourri, l'autorisation avait été délivrée pour l'abattre. Mais de vives protestations se sont élevées partout dans le monde. J'en étais. Je me révoltais en silence. Si tu étais morte, l'arbre que tu voyais de ton annexe devait rester debout. Sinon, tu mourais encore une fois.

Pour bien comprendre ce que représentait cet arbre pour toi, le mieux est peut-être de lire ce que tu as écrit, alors que tu avais pile mon âge. Tu l'observais dans les bras de ton amoureux, Peter :

23 février 1944

Nous avons regardé tous les deux le bleu magnifique du ciel, le marronnier dénudé aux branches duquel scintillaient de petites gouttes, les mouettes et d'autres oiseaux, qui semblaient d'argent dans le soleil et tout cela nous émouvait et nous saisissait tous deux à tel point que nous ne pouvions plus parler.

18 avril 1944

...avril est en effet radieux, ni trop chaud ni trop froid, avec de temps à autre une petite giboulée. Notre marronnier est déjà passablement vert et on voit même poindre déjà çà et là de petites grappes de fleurs.

13 mai 1944

Notre marronnier est totalement en fleur ; de haut en bas, il est bourré de feuilles et beaucoup plus beau que l'an dernier.

J'imagine que tu passais de longs moments à regarder ce rare témoin des saisons qui passaient. C'était sans doute la preuve pour toi que la vie continuait son cours naturel, malgré la folie du monde. C'est pour cela que l'idée que cet arbre meure est si peu supportable. Ce serait comme si la nature baissait les bras face au désastre humain.

Pensée idiote, car la mort fait bien sûr partie du cycle de la vie.

Finalement, un accord a été trouvé. Une structure qui empêchera l'arbre de tomber permettra de le sauvegarder, pour nous, égoïstement, une dizaine d'années. S'il pouvait parler, l'arbre demanderait peut-être qu'on le laisse mourir. Mais on ne le laissera pas tomber comme on t'a laissée t'éteindre. Pour l'instant, cela suffit à me tranquilliser. Peut-être que je mourrai avant le marronnier.

Je me souviens de cette fois où j'avais trouvé un oiseau mort, dans la pinède à côté de chez nous. Ce n'était pas sous un marronnier, parce que je ne vis pas en Hollande, mais dans le sud de la France. J'étais petite. Peut-être cinq ans. C'est étrange : ce que je m'étais dit en voyant ce petit cadavre à mes pieds est très net dans ma mémoire. Il paraît que les adultes ne se souviennent plus de leurs pensées d'enfant. Moi, comme je suis à peine sortie de l'enfance, et que je marche dans une sorte de *no man's land* sur ma ligne de vie, je m'en souviens. Cela me fait penser à ce tableau que maman a accroché dans sa chambre. Son titre, c'est *Les trois âges de la femme*, de Gustav Klimt. C'est mon peintre préféré. Cette peinture montre une jeune femme tenant un bébé dans ses bras. Une vieille femme est penchée sur elle, cachant son visage de ses longs cheveux gris. Il y a un problème dans cette œuvre. Une ellipse. On voit l'enfant, la mère, la vieille dame. Et moi, où suis-je ? Nulle part, c'est bien ce que je disais. D'ailleurs, j'ai appris en cours de biologie qu'une fille ou une femme qui n'a pas d'enfant, on l'appelait une nullipare. Je sais que cela veut dire autre chose, pourtant cela sonne comme nulle part. *No woman's land.* Cela m'arrange bien, de n'être pas située. Cela me donne une grande liberté.

Lorsque j'étais petite, j'ai ce souvenir d'avoir toujours été très proche de la terre. Ce n'est pas une question de taille, ne te moque pas de moi comme ça, Anne. Mais j'ai une théorie là-dessus. Je crois que l'enfance est liée à la terre. J'étais toujours à y farfouiller, à tenter d'une certaine façon de m'y enfouir. Maintenant, je ne suis plus une enfant. Je suis ce qu'on appelle une adolescente. Cela vient d'un verbe latin qui signifie grandir. Et je me suis détachée de la terre. Je crois que je suis maintenant au sein de multiples flux. Mon élément serait l'eau, désormais.

On pourrait dire que j'ai inventé ce souvenir d'oiseau mort, et toutes ces paroles terrestres. Eh bien, peut-être, après tout. Mais la mémoire n'est-elle pas faite pour être sans cesse réinventée ? Je le sais parce que j'écris. Et je sais que j'écris ce que je veux. J'écris ce que j'aimerais qui reste de moi, et ce n'est pas tout à fait moi. Je le sais bien.

Chaque fois que je fais lire mes textes à ma copine Eurydice, elle me regarde d'un air soupçonneux. Invariablement, elle demande :

– Où est-ce que t'as piqué ce truc ? Sur Internet ?

– J'ai rien piqué du tout.

– Arrête, tu peux pas l'avoir inventé.

Dans ces cas-là, je ne réponds rien. Je me fiche de ce qu'elle croit. Après tout, ça me flatte. Ça prouve que j'ai en moi quelque chose de supérieur à ce que l'on imagine. Eurydice n'y croit pas parce qu'aux derniers tests du lycée, les résultats montraient que j'avais un

Quotient Intellectuel tout à fait ordinaire. Alors, il s'agit peut-être de quelque chose comme la flamme que je vois en toi. Je pense que le QI et ce quelque chose d'indéfinissable n'ont pas grand-chose à voir.

Mais *no woman's land* et marronniers, ça a tout à voir.

À toi,
Kitty

Chapitre 3
Eurydice

Chère Anne,

En grec, Eurydice signifie : la justice sans limite.

Cela ne lui convient pas vraiment. Il se trouve que c'est ma meilleure amie. J'ai envie de dire que ça tombe mal, mais je l'ai sans doute un peu choisie, tout de même. On se connaît depuis le CM2. Je n'étais peut-être pas très clairvoyante à dix ans. Elle tenait un petit miroir entre ses mains, devant son visage, bras tendus, dans la cour de l'école, et marchait à reculons. Le reflet de ce vers quoi elle reculait lui indiquait les obstacles à éviter. C'était un jeu original, avais-je trouvé. Je suis restée à l'observer, jusqu'à ce que j'apparaisse dans le miroir. Elle s'est arrêtée, surprise. Puis elle m'a lancé, de ce ton dur qu'elle a souvent et me heurte à chaque fois : « Pousse-toi de là ».

Je ne suis pas pourvue d'une grande volonté. Enfin, si, mais ma volonté ne se pose jamais contre quelqu'un d'autre. Je crois, par exemple, que je suis ambitieuse. J'ai une terrible envie de progresser et d'apprendre. Ce serait comme une image de moi-même dans un futur proche ou lointain, à laquelle je tendrais à ressembler. Je sais que j'ai la liberté d'y parvenir, et je sais que je m'en approcherai tant que je vivrai. Je commence à comprendre que cette certitude n'est pas donnée à tout le monde.

Mais avec les autres, les adultes ou les copains et copines, j'ai peu de volonté. Il me semble toujours que la leur est plus valable que la mienne. S'ils veulent telle ou telle chose, ils ont sans doute de très bonnes raisons, qui leur appartiennent. De quel droit m'y opposerais-je ? Cela n'a rien à voir avec l'humilité. À vrai dire, cela n'a rien à voir avec moi. De plus en plus, je vois le monde comme un grand océan dans lequel je m'adapte aux courants. J'avance par petits mouvements de brasse, ou plus grands mouvements de crawl, et, de temps en temps, je perçois l'onde créée par quelqu'un d'autre.

Les mouvements de mon corps épousent cette onde, tout doucement, pour ne pas la modifier, et je continue mon chemin.

Alors quand Eurydice m'a dit : pousse-toi de là, j'ai fait un pas de côté. Elle a baissé son miroir et s'est retournée pour m'observer. Elle avait un air à la fois contrarié et surpris. Je pense qu'elle s'attendait à une résistance. Je pense qu'elle attend toujours qu'on lui résiste. C'est ce qu'elle cherche. Ceux qui s'y dérobent, elle les méprise, le plus souvent. Mais en moi quelque chose l'en empêchait. Elle m'a longtemps regardée pour savoir de quoi il s'agissait. Je ne sais pas ce que je dégageais. Je ne le sais toujours pas. Quoi qu'il en soit, elle a fini par me sourire.

L'expression de son visage a scellé quelque chose. Je ne pouvais rien y faire. Je m'y suis coulée. Nous sommes devenues amies à partir de ce sourire, auquel je ne me souviens même pas avoir répondu. Dès lors, j'étais pour elle un instrument, un faire-valoir. Mais beaucoup d'autres choses très complexes, aussi, que je n'ai toujours pas comprises.

Elle ne vient jamais chez moi. Les rares fois où ça lui arrive, la politesse qu'elle affiche avec ma mère me dérange beaucoup. Il y a quelque chose de surjoué dans ses bonjour madame, bien sûr madame, merci madame... Elle ne croit pas une seule seconde au respect qu'elle affiche. D'ailleurs, ensuite, invariablement, elle chuchote :

– Elle est bizarre, ta mère, elle parle presque pas.

Et puis je partage ma chambre avec Mélodie, ma sœur de dix-sept ans. Difficile, dans ces cas-là, de trouver une quelconque intimité.

Alors je me déplace toujours chez Eurydice. Ce trajet que j'effectue souvent me plaît beaucoup, parce que j'aime marcher, mais lorsque j'arrive au bas de la côte qui mène chez elle, je ressens toujours une pointe d'angoisse. C'est une montée très abrupte, en haut de laquelle j'arrive toujours en nage. La famille d'Eurydice vit dans une petite maison serrée entre deux autres, dans un lotissement où les jardins servent de tampons entre voisins. C'est quand même mieux que notre appartement, sans aucun jardin, ni même un balcon où s'aérer. Nous n'avons que les coudes sur les fenêtres pour sortir tout en restant à l'intérieur.

Eurydice me fait monter tout de suite dans sa chambre. Elle ne m'incite pas à dire bonjour à ses parents. Je soupçonne qu'elle les méprise aussi. Les murs sont blancs, dépourvus de posters. Ce n'est pas une chambre d'adolescente ordinaire. Le « pas ordinaire » s'applique aussi bien au mot « chambre » qu'au mot « adolescente ». Quel est le monde d'Eurydice, je l'ignore, mais ce n'est sûrement pas un mur blanc. J'imagine plutôt un labyrinthe sombre.

Elle me montre ses nouvelles acquisitions : un joli pull ou un jean. Les vêtements d'Eurydice sont plus coûteux que les miens, c'est un fait. Il ne me viendrait pas à l'idée de remettre cela en cause. Elle, encore moins. J'envie leur matière, leur tomber impeccable. J'ai l'impression que l'apparence d'Eurydice est toujours parfaite : rien ne dépasse. Moi, ça va un peu dans tous les sens. Je suis sûre qu'avec ses vêtements à elle ce serait pareil. Il n'y a qu'à voir nos cheveux. Les miens, mi-longs, coiffés le plus souvent en queue de cheval, s'échappent en une multitude de mèches rebelles. C'est impossible à maîtriser. Quand il fait humide, c'est pire. Les siens, châtain presque blonds, raides, sont coupés au carré. Je trouve ça magnifique. Sur les photographies de groupe, j'ai toujours l'impression que ses contours à elle sont bien nets. Les miens sont flous, indiscernables, insaisissables.

C'est elle qui parle. Elle occupe l'espace de

la chambre en marchant avec ses nouveaux habits à la main, et aussi l'espace sonore. Son sujet favori : sa voisine.

– Elle est trop con. Tu sais pas ce qu'elle écoute ? Tu sais pas ce qu'elle aime ? Et tu sais pas ce qu'elle m'a dit ?

Je l'écoute attentivement. Je ne comprends rien à l'univers qu'elle occupe. Il est pour cette raison fascinant. Elle déteste le monde entier, et j'en suis le témoin ébahi. *Tu sais pas ?* me demande-t-elle, car elle sait combien je suis ignorante, et je crois que d'une certaine manière ça la fascine aussi.

– Tu sais pas comment elle choisit ses amies ? Elle choisit les plus belles. N'importe quoi. Alors, forcément, elle ne comprend pas comment je peux être amie avec toi !

Elle éclate d'un rire forcé. Elle a compris, en les prononçant, l'énormité de ses paroles. Ce n'était pas prémédité. Elle est méchante sans le vouloir. C'est son rire, ensuite, qui est le pire. Il signifie :

– Oh, je t'ai blessée ! Cela dit, je n'y peux rien, je n'ai dit que la vérité.

J'encaisse.

Je ne réponds rien, je ne me révolte pas. Je ne me dis même pas : mon heure viendra.

Lorsque nous étions plus petites, il y a deux

ou trois ans, nous imaginions, dans cette même chambre, des jeux de rôle. Ou plutôt, devrais-je dire, elle imaginait. Chaque saynète lui permettait d'exprimer son penchant dominateur. Par exemple, nous reprenions une publicité où un empereur grec demandait à son valet de nettoyer le sol. Bien entendu, je me retrouvais accroupie par terre, à subir ses invectives. Plus fort ! Mieux que ça ! Par là !...

Les jeux d'enfants sont terribles. Je n'imaginais pas pouvoir m'y soustraire. Lui dire : non, je veux le rôle de l'empereur, c'était impossible. D'autre part, être le valet était bien plus intéressant. La pointe d'humiliation était secondaire, car c'était un jeu. Au-delà, j'éprouvais une foule de sentiments contradictoires. Je n'avais évidemment pas l'ambition de tester des émotions dans le but de mieux connaître l'humanité, mais j'en avais une sorte de prescience.

Je la regarde tranquillement me ranger dans les cases qu'elle a depuis longtemps créées pour moi : une fille pas très belle, soumise, du même coup sans doute stupide, malgré mes bonnes notes à l'école. J'en souffre assez souvent. Je me laisse prendre au jeu du miroir : ses pensées refléteraient celles de tous les autres. Ma confiance en moi en est très entamée.

Mais si je suis capable d'en parler, c'est parce qu'au fond de moi, je sais que c'est faux. Je perçois ses regards perdus de façon très furtive, lorsqu'elle réalise que je ne me suis pas laissée emprisonner dans la conception qu'elle a de moi. Je sens son trouble immense.

Ainsi est ma relation avec Eurydice. Liées par une fascination mutuelle, sur un fil d'équilibriste. Un souffle suffirait pour que l'une d'entre nous tombe dans un gouffre. Mais laquelle d'entre nous, et quel gouffre ?

À toi,
Kitty

Chapitre 4
Idée de devenir

Eurydice a pour levier sur moi de nombreuses réflexions sur mon apparence. Elle y accorde beaucoup d'importance. Elle est rassurée de se sentir plus belle que moi. Mais comme elle m'aime tout de même un peu, elle ne comprend pas que je ne puisse pas être plus jolie. Du moins, à ses yeux, je ne suis pas jolie.

Moi, dans le miroir, c'est très variable. Je peux paraître très jolie ou très moche.

Et puis, les garçons me regardent. Ce ne sont pas les mêmes que ceux qui regardent Eurydice, et je crois que c'est pour cela qu'elle ne voit rien. Elle ne voit pas que je plais. Ou bien elle voit que je plais à des garçons qui sont pour elle quantité négligeable, ce qui revient au même. Pour elle, qui est entière, le raccourci est inévitable : je ne plais pas, donc je ne suis pas jolie.

Je me souviens très nettement de la première fois où j'ai été frappée par mon apparence. J'ai une très bonne mémoire de ces choses-là. Je devais avoir dix ans. Dans ces eaux-là.

C'était après une escapade au parc, une course effrénée. J'avais certainement escaladé les arbres aux branches les mieux réparties. Je m'étais peut-être égratigné les genoux, j'avais peut-être donné un nom au chat de passage, imaginé une discussion avec lui. Peut-être même avais-je pour la dernière fois enterré un oiseau... Quoi qu'il en soit, au retour je m'étais retrouvée au sommet du muret de l'école primaire pour que le chemin soit plus court. Et soudain :

la vitre.

un reflet dans la vitre.

comme un ricochet.

sans les ondes autour.

Au dernier plan étaient alignées sagement tables et chaises, tout semblait mis en un ordre existant dans la seule attente d'une bousculade enfantine. Au premier plan, transparent, insaisissable, à quelques mètres de moi :

Un reflet. .telfer nU

(Où se situe la vitre ? Au milieu ? Collée au reflet ? Contenant le reflet ?)

Et je m'étais interrogée : était-ce vraiment moi ? Oui, à côté, dans l'image, il y avait Mélodie, et un copain (était-ce Dimitri ? Ou irtimiD !), ça devait donc bien être ça. C'était moi, ce reflet étonné aux cheveux longs et noirs.

Et soudain, je me souviens de cette sensation... Une fierté mêlée de crainte :

je ne ressemblais plus à une fillette.
.ettellif enu à sulp sialbmesser en ej

Qui était la vraie ? Celle que je voyais ou celle que je ne voyais pas ? (Ma sœur semblait surprise par ma réaction, ça l'agaçait).

Depuis ce premier reflet étonné, je n'ai pas cessé d'entretenir une relation très compliquée avec les miroirs, les vitrines dans les villes, et tous les regards.

Regards les tous.

Les regards tous.

Tantôt je les recherche, tantôt je les fuis, tantôt ils me saisissent par surprise.

Je sursaute.

Je me sens tour à tour affreuse et sublime.

Probable que tous les miroirs mentaient, mentent, mentiront.

J'aimerais pouvoir saisir mon apparence avec un filet à papillons. Les mailles en seraient serrées, tissées par mes soins, longuement, très longuement. Tous les soirs. Mes doigts en seraient meurtris.

Dans la salle de bain, chez moi, il y a une psyché. C'est un long miroir qui permet de se voir de la tête aux pieds. De temps à autre, je tente des expériences.

<u>Expérience 1</u> : je mets un drap noir sur la psyché.

C'est immédiat : je disparais.

Expérience 2 : je colle des sparadraps sur le miroir, à l'endroit où se trouveront mes poignets et chevilles quand je reculerai.

Je recule : je ressemble à une page d'herbier.

J'aimerais parfois tordre mes reflets, m'épuiser à les rendre souples. Mais rien à faire, je ne les maîtrise pas. Et je ne ressemblerai jamais à rien d'autre qu'à moi-même, qui suis si mouvante.

Toutes ces sensations saugrenues m'ont inspirée ce petit texte. Il fera partie d'un ensemble que j'aimerais appeler *Idées de devenir.*

Peu à peu, je me refléterai davantage dans les signes que dans les miroirs.

Peu à peu, les pages m'absorberont plus que le tain des vitrines.

Peu à peu, mon corps servira davantage à vivre qu'à paraître.

Peu à peu, mes gestes seront tendus vers les autres.

Peu à peu je me laisserai éparpiller.

Peu à peu, je m'oublierai.

Je me laisserai couler.

Aimerai.

Alors, je me laisserai aimer.

Alors, je choisirai une robe-qui-tourne.

Alors, être jeune fille sera comme être fillette, simple et gai.

Alors, un jour, longtemps après, je surprendrai à nouveau mon reflet.

Alors, il aura à nouveau cet air étonné de la première fois, au sortir de l'enfance.

Alors, cet air sera heureux et craintif à la fois : comme lors d'une danse avec les ours.

Alors, je serai à nouveau signes, pages, idées, désirs, envies, enthousiasmes : reine de ma vie.

Chapitre 5
Maman

Chère Anne,

Je parle de devenir, alors que je ne suis pas sûre de vivre très longtemps. Je ne suis pas à un paradoxe près.

Petite, c'est ma mère qui nous l'a raconté, Mélodie avait demandé : à quoi ça sert de bien travailler à l'école et d'avoir un bon métier, puisque l'on va mourir ? Cela avait frappé maman, parce qu'elle avait été incapable de donner une réponse.

J'y ai beaucoup réfléchi.

Anne, dans ton annexe, tu étudiais. Tu avais besoin de te projeter dans le futur. Tu ne pouvais bien sûr pas savoir que ta vie serait si courte. Et alors ? Doit-on tout stopper sous prétexte que l'on risque de mourir demain ?

C'est tout le contraire. Grandir ou devenir, on ne peut en voir ni le début ni la fin. Pourtant c'est ce qu'on fait seconde après seconde : grandir et devenir. Autant que cela soit du mieux possible.

J'ai du mal à discerner ce que devient ma mère. J'ai aussi du mal concernant ma sœur Mélodie, mais je sais qu'elle devient quelque chose : elle change beaucoup, comme moi. Ma mère me fait l'impression d'une stagnation. Ce n'est pas la fixité d'une onde marine, mais plutôt aérienne. Adulte, peut-être devient-on proche de l'air.

Maman est Atsem. Cela signifie Agent Technique Spécialisé des Écoles Maternelles. En réalité, maman aide une maîtresse d'école, dans sa classe. Par exemple, elle prépare la peinture, elle découpe ce qui va servir aux enfants, elle peut aussi s'occuper d'un petit groupe en ateliers. Elle fait aussi le ménage des locaux, ou bien elle nettoie et change un enfant en cas d'accident. Parfois, je me rends à l'école maternelle où elle travaille, quand j'ai fini les cours au lycée. J'aime beaucoup voir maman entourée de ces petits bouts de chou si mignons. Je crois qu'ils l'adorent, et ça fait chaud au cœur.

Maman est satisfaite de son travail, même si bien sûr elle aimerait être mieux payée. Comme tout le monde, il me semble.

Ses parents, papi et mamie, que l'on voit très peu parce qu'ils habitent loin, n'étaient pas très riches. Ils n'ont pas pu lui payer des études. Pourtant, il est évident que maman aurait pu en faire de brillantes. Et puis elle a rencontré mon père alors qu'elle n'avait que dix-sept ans. À dix-huit ans, elle était déjà enceinte de Mélodie. Ils se sont séparés un an après. Elle a donc dû travailler très tôt. Et voilà, c'était Atsem.

– Et alors ? dit-elle à Mélodie qui trouve souvent qu'elle vaut mieux que ça. C'est un très beau métier, j'en suis fière. Je suis utile. Et je suis libre. Je n'ai pas de boulot après le boulot. Pas de dossiers à finir. Pas de projets à boucler. Pourquoi voudrais-tu que je fasse autre chose ?

Ce qu'elle trouve plus important, c'est l'enrichissement personnel. Je crois qu'elle a raison. C'est pour cela qu'elle tient tant à nous montrer expositions et musées. Pour cela qu'elle veut qu'on lise. Elle ne nous dit jamais que c'est dans le but de nous élever socialement. Mais de nous élever tout court.

Mélodie n'est pas d'accord. Elle veut, avec

hargne, monter les échelons. D'une certaine manière, je crois qu'elle veut venger ma mère, faire des études à sa place. Même si maman ne lui a rien demandé et ne regrette rien, c'est comme ça qu'elle raisonne. Elle veut faire maths sup' après son bac. Maman est fière d'elle. Moi aussi, après tout.

Dans le sac que maman emporte au travail, elle dépose toujours un livre. Dès qu'elle peut bénéficier d'une pause, elle lit. Elle veille, bien entendu, à faire aussi la conversation avec ses collègues. Elle ne veut pas passer pour une bêcheuse et y parvient. Au boulot, on la considère comme quelqu'un d'un peu hors-norme, mais, je crois, attachante. Je le vois aux sourires que ses collègues lui adressent. Ce sont presque les mêmes que ceux qu'elles posent sur certains enfants, ceux qui semblent touchés par la grâce. Inaccessibles et proches tout à la fois.

Maman se cultive, et pourtant stagne.

Du moins, c'est l'impression qu'elle me fait. C'est difficile à expliquer.

Elle serait un peu comme un tableau abstrait : parcourue de lignes dans tous les sens. Certaines formant des constructions. Et puis des ponts, des serpents. Mélodie et moi serions deux des cercles. Le tout en équilibre. Dans un équilibre impossible et précaire. Un seul mouvement ferait tout basculer. Elle se retient de faire ce mouvement. Elle se retient tant que je la surprends parfois en apnée. Elle ne s'en rend même pas compte. Je la pousse du coude et je murmure :

– Hé, maman, respire.

Elle me lance alors un regard chaviré. J'imagine très bien un marin face à la houle qui va envahir le pont du bateau avoir ce regard-là. Puis elle prend une grande inspiration, avant de bredouiller :

– Pardon.

Pardon pour qui, pour quoi ? Ce n'est pas un pardon qui s'adresse à moi. Pas à elle-même non plus. Sans doute à l'air qu'elle a emprisonné trop longtemps. Pardon, oxygène, hydrogène, vous les volatiles, de ne pas vous avoir laissés voler. Je vous libère désormais, je vous laisse circuler. Ne m'en veuillez pas.

J'aimerais qu'elle pense un peu plus souvent à elle-même qu'à l'air qui l'entoure. Accessoirement, à moi et à Mélodie.

Lorsqu'elle a un moment de libre, maman rassemble une multitude de morceaux de verre ou de miroir. Elle récupère les vestiges des vitres brisées, des glaces choquées. Elle les casse encore ou les découpe pour leur donner la forme qu'elle désire. Puis elle les pose sur une planche de bois. Quand elle est satisfaite, elle les colle. Cela ne donne ni un tableau ni un miroir. Une mosaïque indistincte, de la taille d'une icône, petite. On ne peut pas s'y mirer, ou bien de manière très incomplète et morcelée. Une icône cassée.

Elle s'installe toujours sur un guéridon posé sous la fenêtre du salon. Elle choisit le moment où le soleil s'y penche. Il faut qu'il se reflète sur ces bris. C'est ensuite une observation lente et forcenée du ciel à l'envers. La droite de l'étendue bleue se trouve à gauche, et cela change tout. Maman bouge imperceptiblement un éclat de miroir pour y déceler une portion de nuage, ou un iris d'azur. On dirait qu'elle pose une question dont elle n'attend que la position de la réponse, et non la réponse elle-même. C'est plus facile de manière indirecte, par le biais de ces coupures. Les réponses l'intéressent peu. Et elle ne partage jamais ses questions. D'ailleurs, je me trompe peut-être. Si ça se trouve, elle n'interroge pas les reflets du firmament ; ce serait juste une discussion silencieuse.

D'autres fois, elle observe son visage, ou plutôt

une portion de celui-ci, longtemps, dans l'un des morceaux miroités. Puis elle le pose sur son plan de travail, appose la pointe diamantée. La trajectoire suit sa pensée. Puis, sans plus d'hésitation, d'un coup sec elle brise le verre dans la forme voulue.

Parfois, elle s'en va. Elle part le soir, sans rien nous dire, et ne revient qu'au petit matin. Impossible de savoir où elle est allée, qui elle a vu, et pourquoi. Cela met Mélodie en rage. Elle tombe sur maman dès qu'elle rentre et fait pleuvoir sur elle des tonnes de reproches.

Maman ne répond rien.

Maman a un air hagard et doux.

Une expression qui m'emplit d'un sentiment très complexe, qui rassemblerait à la fois toute la tristesse et toute la joie du monde. Je suis alors irrésistiblement attirée par elle. Je lui attrape la main avec douceur, et la mène jusqu'à sa chambre.

Elle a l'air épuisé.

À toi,
Kitty

Chapitre 6
Rêve

Le jour s'effiloche en traînées poudreuses. On peut distinguer encore quelques plumes cramoisies, celles d'Icare issu de Dédale, plumes dansantes et lentes à atteindre le sol. Des grains de sable brillant se trouvent aussi en suspension, ceux tombés des sacs bourrés à craquer du marchand de sable ambitieux. Il a voulu me faire trop rêver. Mais la nuit tombe devant mes pupilles, nuit noire et effrayante entre les troncs serrés. Derrière se cachent les monstres de l'enfance.

Avant la forêt, il faut traverser un long tunnel. Sombre et malodorant, des bêtes y ont séjourné. Quelle est cette ombre au loin ? Je n'ose pas avancer et je le fais pourtant, car à l'autre bout se trouvent les promesses, ou un ami, un frère peut-être, ou un arbre muni d'une balançoire fantastique qui mène jusqu'aux cieux. Je ne recule jamais, de toute façon, tant que je suis une enfant. J'avance en tremblant mais j'avance, car je veux voir la forêt. Je veux en humer l'humidité et caresser l'écorce des monstres, éprouver l'haleine des arbres et les griffes des branches. Je veux y poser mes pieds nus, sur la langue étalée des feuilles accortes, sur les orteils des pattes mortes. Je suis la reine de ma vie et je souhaite être effrayée en mon royaume.

J'avance donc, et j'entends résonner mes pas, les gouttes pliquent-ploquent autour de moi et une brume dense s'élève du sol. Je suis seule en mon tunnel et c'est bien ainsi. L'enfance est un palais merveilleux, mais aussi ce tunnel sombre.

L'enfance, je m'en souviens durant ce rêve, c'est la gorge serrée de trop de chagrins, sous la protection de l'immensité des bonheurs. C'est : galets polis, pissenlits, colonnes de fourmis, loupes flambantes, soleil regardé en face, poudre d'ailes de papillons, scarabées dorés, fissures de murs, sous les pierres lombrics et scorpions humides, queues de lézards coupées, repoussées paraît-il, cyprès odorants, ricochets et œufs dans l'eau, secrets forcenés, enterrements d'oiseaux, conversations félines, arbres animés, résine gluante, mèches de cheveux coupées, brûlées, arrachées, toboggans brûlants, genoux écorchés, sang à sucer, on dirait qu'on serait, nuages mouvants, tradéridéra, pieds évitant l'ombre, si ombre touchée malheur à toi, poisson pourri, miroir incassable, mon âne mon âne, fleurs de crépon, colliers de nouilles, shorts troués, licornes et centaures, poussière de lumière, petit homme sur l'épaule, décors de tapisserie connus par cœur, rougeole, sueur sur l'oreiller, mort proche et lointaine, inconnue, traces de dents sur la peau, stylo sur les murs, errances dans les collines, cheville foulée, cabanes, clous qui dépassent, rouillés, soupe d'herbe et cailloux, hoquets de pleurs, fraîcheur du carrelage sur la joue, vent dans les cheveux, tours de roue, diabolo-fraise, chaîne qui saute, cambouis, tralala, monstres sous le lit, chevilles attrapées, dent qui tombe, sang sur la pomme, pouce sucé, fronde et lance-pierres, carreaux cassés, fuite, cœurs qui explosent, bulles de savon, gadoue, souffle coupé, mal dans les jambes, c'est que tu grandis, élastique, corde, jeux de filles et de garçons, pulsations pulsations pulsations...

L'enfance, ce sont ces peurs délicieuses lorsqu'on sort des tunnels sombres. Car à ce moment-là une forte brise gifle ma joue et envoie aiguilles et brindilles dans mes yeux. La lune m'adresse un sourire torve et les ténèbres ricanent entre les frondaisons. Mais je suis fière. Je redresse le buste, je ne pleurerai pas. J'affronterai les souffles fétides et les caresses griffues, je crierai plus fort que les chouettes effraies, je tirerai la langue aux vampires chauves et aux souris volantes. J'en ai envie pourtant, de déverser mes sanglots retenus, de hurler ma peur de voir mes désirs mangés, mes plaisirs volés, ma lumière éteinte et mon amour étouffé. Mais la peur est une autre sorte de brasier, et j'avance, portée par la flamme de mon âme qui carbonise la réalité.

Ce n'est pas un conte de fées. Je serai dévorée. Le serial monster s'en léchera les griffes ensanglantées, ses pattes meurtrières, et aiguisera ses crocs sur mes os. Il lustrera sa fourrure avec le calme de l'animal repu, le désintérêt de toutes choses autres que lui-même sous la lune triste de rater le spectacle : un nuage passe. La nuit est noire, noire, et on ne voit pas mon petit cadavre. Qu'importe, le monstre, lui, est heureux, de son bonheur de bête.

Et puis il sent comme une flamme monter en lui, lui aussi. Il se fiche du sort du monde, ne montrera jamais de désappointement ni de tristesse, il est encore plus fier que moi. Pour le prouver soudain, d'un rire tonitruant il éclate, chassant le nuage qui escamotait la lune. Elle le regarde en silence.

Chapitre 7
Mélodie

Chère Anne,

Papa est mort.

C'est drôle, écrit comme cela. On dirait que cela vient d'arriver.

Papa était beau.

Cette phrase, Papa était beau, signifie la même chose, et bien plus que Papa est mort. Désormais c'est ce que je dirai lorsqu'on me demandera ce que fait mon père, où il est, où il habite. Les fiches de renseignements, à l'école, en début d'année, sont émaillées de trous.

Adresse du père :

....

Ces petits points qui font la queue leu leu sagement, qui attendent clairement qu'on s'assoie sur eux, je les ai souvent interrogés. Souvent laissés seuls. Ensuite, la nuit, je rêvais que, libres, sans rien posé sur leur dos, ils s'envolaient. Cela faisait comme de la neige à l'envers, du sol au ciel.

Mais désormais, j'ai envie d'en retenir quelques-uns.

Adresse du père : ....
..................................Papa était beau...........

Il est beau sur les photos. Elles sont toutes posées sur la commode de Mélodie. Maman ne les expose pas. Ni au salon, ni dans sa chambre. Elle dit : il est là. Et cela suffit pour elle.

Moi, je sais qu'il n'est pas là.

Il était là jusqu'à mes quatre ans, puis il n'était plus là. Je n'ai jamais vécu avec lui, car il n'habitait déjà plus avec maman lorsque je suis née. Je suis pourtant sa fille. De cela, je suis certaine : nous partageons le même regard très sombre et ouvert. La forme du visage, aussi, ovale.

C'était très difficile à comprendre, quand j'étais plus petite : maman ne vivait plus avec papa, et pourtant ils faisaient l'amour. L'amour, on ne nous le présentait jamais comme ça à l'école, à la télé. L'amour, c'est devenu, pour moi, quelque chose qui n'habite pas dans un lieu.

Papa n'habitait pas loin. Il venait très souvent nous rendre visite. C'était un bon papa, nous dit maman. Très présent. Sauf après mes quatre ans.

Il était professeur des écoles. C'est comme cela que maman l'a rencontré. Je trouve ça beau, une idylle entre un professeur et celle qui l'aide en classe. Je les imagine s'échangeant des regards, des grappes d'enfants autour d'eux. Des flux d'amour dans tous les sens, entre quatre murs. Si j'écrivais un roman, ce serait une histoire comme celle-là.

Mon père était quelqu'un de très cultivé. C'est lui qui a initié maman à la lecture de certains livres, et à la peinture. Ses parents à elle ne s'y connaissent pas du tout et n'ont rien pu lui transmettre. Quant à la musique classique, elle n'a jamais vraiment accroché. Mais nous avons gardé tous les CD de papa. J'aime les écouter. Mélodie dit que c'est trop difficile. Elle peut regarder ses photos, mais pas écouter la musique qu'il aimait. Je ne sais pas pourquoi.

Mélodie n'aime pas que papa soit absent. Quelque chose en elle ne l'accepte pas. Elle avait six ans lorsqu'il est parti. Peut-être qu'elle s'en souvient mieux que moi.

Elle ne sourit pas beaucoup. Contrairement à moi qui souris presque tout le temps. Eurydice me dit souvent « arrête t'as l'air conne à sourire comme ça ». Mais je ne peux pas faire autrement. Je me sens dépassée par un tas de choses. La plupart du temps, par mes propres émotions. Même lorsqu'il s'agit de grande tristesse ou de gravité, je suis émerveillée par leur grandeur. Je ne peux pas faire autrement que les accueillir avec le sourire.

Mélodie refuse ces émotions avec sérieux. Elle y accorde une importance exagérée. Je l'imagine sans cesse penchée sur le rebord d'une fenêtre. Ni complètement dedans, ni complètement dehors. Mais en attente d'être propulsée à l'extérieur. Je ne m'en fais pas pour elle. Je sais qu'elle y sera jetée. Presque malgré elle.

Comme je le disais, c'est difficile parce que nous partageons la même chambre. Je sens que je l'agace, à être là. Je ne peux pas m'empêcher de la voir lorsqu'elle est assise sur son lit, un portrait de papa entre les mains. Elle reste longtemps immobile.

À moi, papa ne manque pas.

Maman me manque davantage.

Mais aujourd'hui, maman a une lumière dans les yeux. Elle y a gardé l'un des éclats qu'elle vient de découper. Elle porte un projet.

– Dimanche, nous annonce-t-elle alors qu'on est toutes les deux allongées sur notre lit à bouquiner, nous irons à M. Il y a un musée qui vient d'ouvrir, il est magnifique, paraît-il.

On acquiesce. On aime lorsque maman se projette dans le futur. Dimanche, cela peut tout aussi bien dire dans quinze jours ou dans un mois, on a l'habitude, mais ce n'est pas important.

Nous sommes trois à sourire.

Quatre, avec papa dans le cadre bleu.

À toi,
Kitty

Chapitre 8
Perdus de vue

Chère Anne,

Le mardi, je vais à la piscine. Hier soir, donc.

Ce n'est pas un cours.

Petite, je suivais des cours de natation. Mais lorsqu'il a été question de compétition, j'ai un peu trop stressé. Je ne suis pas contre l'idée de compétition. Surtout en sport, je trouve ça beau, tous les efforts que peuvent faire les athlètes pour se surpasser eux-mêmes, ou surpasser l'espace et le temps. Même à l'école, je l'avoue, j'aime bien savoir si j'ai eu une meilleure note qu'Eurydice ou tous les autres. Je ne suis pas une sainte ! J'aime voir la tête de la meilleure de la classe lorsque je la double en dissertation. Elle ne vit que pour être la première. Ça lui fait du bien de savoir qu'il existe autre chose dans la vie.

Mais pour la natation, ça n'allait pas. Je ne désirais vraiment pas m'épuiser à faire des longueurs le plus vite possible.

Alors désormais, j'y vais quand c'est ouvert au public. J'y fais ce que je veux. Des longueurs, certes, parce que j'aime nager, mais d'autres choses, aussi.

Parfois, Eurydice m'accompagne. Mais son principal objectif est de montrer combien son nouveau maillot lui va bien. Alors elle insiste pour qu'on reste sur le bord à discuter. Je vois l'eau qui m'appelle, et cela m'ennuie.

Je préfère y aller avec Mélodie.

L'objectif de Mélodie est encore différent. Elle s'y rend uniquement pour « faire du sport », comme elle dit. Elle est capable, aussi, d'aller courir tôt le matin, pour se maintenir en bonne forme. Alors, une fois à la piscine, elle n'arrête pas de nager. Cela m'arrange.

Cela me permet de ne pas m'y rendre seule. Je n'aime pas aller quelque part toute seule. Surtout quand il fait nuit au moment de partir. Cela m'est déjà arrivé de marcher seule la nuit, et je n'ai pas pu m'empêcher de penser à tout ce qu'on raconte à la télévision. Toutes ces jeunes filles violées ou tuées. Le moindre bruit me faisait sursauter. Ensuite, j'étais très en colère contre moi-même. C'est une grande perte de liberté d'avoir peur d'être dehors la nuit. Je ne veux pas me priver de liberté sous prétexte que quelques malades se baladent dans le monde. La prochaine fois que je serai seule dehors la nuit, je prendrai une grande inspiration, et j'essaierai de profiter de cette beauté. La nuit est belle, en général.

C'est bien d'y aller avec Mélodie, aussi parce qu'elle nage tout le temps et me laisse libre, justement.

Et hier soir, il est arrivé quelque chose d'inhabituel. Cette fois-ci, à la piscine, il y avait aussi Dimitri.

Il faut que je te raconte qui il est.

Je connais Dimitri depuis la maternelle. Donc depuis beaucoup plus longtemps qu'Eurydice. Le seul problème, c'est qu'on s'est perdus de vue vers l'âge de dix ans.

Perdus de vue, ce n'est pas vraiment l'expression adéquate. On se voit très souvent. On habite dans la même ville, même si lui vit dans un autre quartier. De plus, on a toujours été dans la même classe, sauf en 6e, et cette année, en seconde.

Mais avant dix ans, nous étions amoureux. En classe, assis l'un à côté de l'autre, on s'échangeait des paroles magnifiques et définitives. On mourrait ensemble. Ce serait terrible et doux. On se trouvait beaux, en chuchotements sous le tableau noir de la maîtresse.

Je ne pourrais pas dire ce qui s'est réellement passé. Il est probable qu'il ne s'est rien passé du tout. Nous avons grandi.

Grandir est un drôle de truc. Le regard bien droit, il se pose sur une ligne démarquée par soi seul. Cela peut être n'importe quoi : le bord d'un meuble, le sommet d'un muret, le coude d'un adulte, quelque chose d'immuable comme cela. Puis, quelques mois plus tard, le même regard bien droit donnera un peu le vertige. En effet, il se portera désormais plus haut que le bord du meuble. On verra le paysage derrière le muret. Lorsque l'on posera sa tête contre la poitrine de l'adulte, elle cognera désormais son menton.

Les repères sont sans cesse à reconstruire. Pas étonnant que l'on se soit « perdus de vue », Dimitri et moi. On ne s'est plus parlé depuis le CM2.

Mon amitié avec Eurydice n'y est pas pour rien. Eurydice méprise ce genre de garçon. Pour commencer, il se moque de la mode, sans pour autant être complètement à côté de la plaque. Généralement un jean, un tee-shirt et un pull, sans marque, et tout ce qu'il y a de plus simple. Ça lui va bien.

Et pour couronner le tout, c'est un élève ni bon ni mauvais. Rien ne permet de le distinguer de la masse, et cela, pour Eurydice, c'est rédhibitoire. De temps à autre, elle émet quelques réflexions sur Dimitri, lorsqu'il se trouve par hasard sur sa route et qu'elle ne peut l'éviter. Cela se limite à : ce naze, ce nullard, ce moins-que-rien... Elle ne s'abaisserait pas à lui adresser la parole. Je suis sommée faire de même.

Ce n'est pas par obéissance qu'effectivement je ne lui parle pas, mais par habitude. Et après tout, c'est assez beau ce silence. Simplement, lorsque nos regards se croisent, on sait que chacun reconnaît l'autre.

Hier, lorsque je suis sortie du pédiluve, à la suite de Mélodie, je l'ai tout de suite vu. Il s'apprêtait à plonger. Mais il a eu un instant de recul, parce qu'il m'a vue aussi. Puis il a plongé.

J'étais gênée d'être en maillot de bain. Même si je sais qu'il me va bien. C'est comme ça, une bête pudeur. Alors je suis vite entrée dans l'eau. Je me demande s'il a pensé la même chose, parce qu'il n'est pas ressorti du bassin pour plonger ou pour autre chose. Il a commencé à faire des longueurs. Moi aussi.

Par trois fois, nous nous sommes croisés.

Par-delà la ligne d'eau, il a ralenti ses mouvements pour me sourire.

La troisième fois, j'en avais les jambes coupées, si bien que j'ai dû m'arrêter de nager. Je suis restée au petit bassin, et j'ai joué sous l'eau comme je le faisais lorsque j'étais petite. Je me suis roulée en boule et laissée lentement descendre jusqu'à toucher le fond. J'ai ouvert les yeux sous l'eau, et je voyais les bulles que faisaient, lorsqu'il passait à côté, les mouvements de Dimitri. Je me disais : nous sommes dans la même eau.

Nous ne nous sommes toujours rien dit. Mais je suis restée réchauffée par ce sourire, au-dehors. Mélodie et moi n'avons pas échangé un mot, non plus, sur le trajet. Ou plutôt, si, elle m'a juste fait remarquer :

– Tu vas avoir froid si tu ne mets pas ton manteau.

Mais mon cœur plein s'arrondissait autour de moi comme une bulle protectrice.

À toi,
Kitty

Chapitre 9
Dimitri

Chère Anne,

Je me souviens de ce moment avec Dimitri. Nous devions avoir dix ans. J'entends le son de ma propre voix, mon cri :

– Dimitri ! Viens voir ce scarabée. Regarde, il est tout doré, il brille !

Nous passions parfois nos après-midi de vacances d'été au port, sur les gros rochers de la digue.

Ce jour-là, lui avait les pieds dans l'eau, les fesses posées sur l'une de ces roches blanches qui bordaient l'eau. Les mains posées derrière lui sur l'asphalte brûlant. Il avait fermé les yeux, offrant son visage au soleil.

Il les avait ouverts pour les poser sur moi,

accroupie non loin. J'avais le sens du détail. Quand on se baladait, je remarquais des tas de choses auxquelles il ne faisait pas attention. Les feuilles des platanes qui dansaient doucement. Les taches de lumière qu'elles faisaient ondoyer sur mon visage. Mais aussi le boulon qui dépassait d'une barrière métallique, ou encore le papier d'aluminium abandonné dans les graviers, qui avait la forme d'un cœur étincelant.

Il avait remis ses pieds mouillés dans ses sandales, s'était levé et s'était approché de moi.

– Ah oui, il est chouette ton scarabée. On le brûle tout de suite, ou on lui enlève ses ailes d'abord ?

Puis il avait éclaté de rire. Sans doute lui avais-je jeté un regard effrayé.

– Ça va, Chloé ! T'as qu'à le garder dans un bocal, ton trésor. Mais je suis pas sûr que ce soit mieux que la mort.

Il s'était éloigné avec mépris.

Puis j'avais crié :

– Tu vas voir !

Il s'était mis à courir avec un drôle de rire, comme s'enroulant autour d'une ligne et ne pouvant s'y accrocher. Il se retournait par instants brefs. Je courais aussi, je le suivais.

On courait sur la digue, le long de la mer étincelante.

Puis on s'était arrêtés, le cœur vidé, tous les deux en même temps.

Sans savoir pourquoi.

On ne se souvenait plus pourquoi on courait.

Mais on savait pourquoi on était ensemble.

À toi,
Kitty

Chapitre 10
Rêve

C'est encore l'enfance, lorsque l'amour n'est pas moins fort qu'après, bien au contraire, mais se place sur le même plan que l'observation, dans le soir avancé, d'un lézard ou d'un minuscule scorpion s'évadant après la pierre soulevée. L'empreinte du caillou est humide, et une racine de mimosa circonscrit une piste parfaitement sphérique.

Deux scarabées y font une révérence.

Dans le noir, une minuscule fillette effectue seule des huit parfaits qui s'entrelacent sous les projecteurs des jonquilles. Puis elle figure le chiffre 1, car elle aime les débuts.

Un clown la regarde, et elle ne voit pas, pas encore l'humain sous le clown, mais seulement le clown qu'est l'humain. Ils se renvoient un sourire de tendresse infinie. Puis elle saisit les trapèzes, suspendus à des tiges de magnolia qui poudroient par moment quelque pollen. Son meilleur ami - Il s'appelle Dimitri -, en face, suspendu lui aussi à un trapèze, tend les mains. Il faut attendre longtemps avant que les doigts se touchent : ils se balancent des siècles à contretemps. Lorsqu'enfin elle attrape le désir de ces bras, aux environs de l'invention des hiéroglyphes, elle reconnaît le clown de tout à l'heure. C'était toi ? C'est toujours moi. J'étais aussi le lézard, le scorpion et les scarabées. J'étais aussi la pierre. Le mimosa, les jonquilles et le magnolia. J'étais aussi les huit parfaits. Je suis aussi ce trapèze. Et – attends, je te dépose à terre –, regarde, maintenant, je suis un rat.

Il bondit dans la boue, et disparaît quelques secondes. Il revient ensuite lentement, sur les deux pattes arrière, un peu maladroitement. Les pattes avant lui servent à finir de sangler une petite selle en cuir qui lui enserre le ventre. Puis il émet un couinement que la petite fille comprend parfaitement. Rien de plus normal : c'est elle qui a inventé ce langage, il y a 3600 ans de cela. Elle grimpe sur la selle. À eux seuls ils créent une parade. Trois tours jusqu'à ce que la nuit soit bien noire, suivis par tous les insectes de la création.

Puis ils disparaissent au moment où les nuages commencent leur traditionnel chant d'invisibilité nocturne.

D'énormes gouttes dégringolent soudain, s'écrasent, éclaboussent.

La pierre posée non loin, le toit du chapiteau, sera une nouvelle arche de Noé, qui ne flottera point. Peu importe : les insectes volants porteront les rampants. Seuls périront les mille-pattes, qui auront perdu trop de temps avec les lacets de leurs souliers trop lourds.

Dimitri, lui, n'a jamais bondi si lestement.

Chapitre 11
Attente

Chère Anne,

Je suis malade.

Mélodie dit que c'est parce que je ne me suis pas assez couverte, l'autre soir. Cela me paraît improbable. J'étais protégée par quelque chose de plus chaud qu'un manteau. Il n'empêche que j'ai de la fièvre.

Maman m'a emmenée chez le médecin, ce soir.

Ce que j'aime, chez le médecin, c'est la salle d'attente. D'abord, j'observe les gens. Puis j'imagine des formes dans les airs. Ou bien, imperceptiblement, avec mon pied, je trace des mots sur le sol. J'ai dessiné des vagues. Puis des personnages, dont il fallait tracer le contour sans le briser. Avec un crayon, cela signifierait ne pas le lever de la feuille.

J'aime beaucoup créer des règles comme celle-ci. Lorsque je suis fiévreuse, je le fais encore plus que d'habitude. Ce qui est certain, c'est que je ne m'ennuie jamais. Chaque détail me fascine.

Lorsque j'étais plus petite, je me souviens, je me disais qu'un jour je serais capable d'écrire un bouquin de trois cents pages qui décrirait seulement une heure de ma vie. Je pouvais passer des heures à observer le dessin du papier peint ou bien les inégalités du plafond. Je me disais qu'un jour je pourrais noircir des pages pour décrire un seul bibelot, et toutes les pensées qui vont avec, peut-être même que de cette façon le bibelot penserait lui-même. Je raconterais dans ce bouquin qu'à un moment je me suis déplacée de mon lit à la fenêtre, et ce déplacement prendrait cinquante pages, au bas mot. Je faisais exprès de ne pas me déplacer très lentement, pourtant. Mais je veillais à tout : à la sensation de la moquette sous mes pieds, au déplacement d'air infime sur mon visage, à mon champ visuel qui changeait, à la position de mes mains, de mes pieds, à mon équilibre gravitationnel, que sais-je encore. Et bien sûr à tout ce qui me traversait l'esprit à ce moment-là. Je me doutais bien que ça ne ferait pas un roman passionnant, mais pas inintéressant pourtant. Je me disais que c'était important, ce que je non-vivais à ce moment-là, de cette façon-là. Après tout, je vivais, comme ça. C'était aussi ça la vie, et peut-être surtout ça. Quand on est petits, on ne se demande pas si on perd du temps, on s'en fiche éperdument, on vit ce qu'on veut comme on veut. J'aimerais bien rester comme ça.

À toi,
Kitty

Chapitre 12

Idée de devenir

Camille Claudel est de la même famille que toi et moi.

Mais il y a un peu de Mélodie en elle. Elle ne sourit pas. Elle en a très envie, cela se voit, mais elle n'en a pas la liberté. Quelque chose la retient, comme ma mère de respirer parfois. Mais la flamme, tu la vois, la flamme, Anne ? Là, dans sa poitrine.

Elle était sculpteur. Regarde ce qu'elle a créé de magnifique :

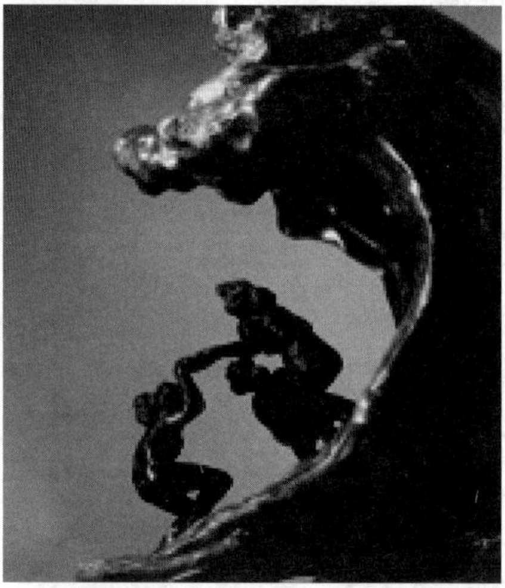

Ça s'appelle « La vague ».

J'aimerais ciseler les mots comme Camille l'onyx ou le bronze.

Anne, tu es née le 12 juin 1929.

Tu as écrit ta dernière lettre le 1er août 1944. Tu avais 15 ans, 1 mois et 20 jours.

Tu es morte au début du mois de mars 1945

(du typhus, dans le camp de Bergen-Belsen, un mois avant sa libération...). Tu avais 15 ans et 7 mois.

Moi, j'ai 14 ans et onze mois.

Dans huit mois, j'aurai l'âge auquel tu es morte.

Mais ce n'est pas cette échéance-là qui est importante.

Il y a ce trou entre ton arrestation et ta mort, où tu as vécu ce que je ne peux pas imaginer. Je préfère croire que le pire a été de t'arracher à ton journal. Peut-être était-ce le pire. Je t'imagine, sans ton journal, dans ce monde que tu appelais de tes vœux. Tu rêvais de pouvoir enfin mener tes pas au-delà du marronnier. Peut-être l'as-tu regardé jusqu'à ce qu'il ne soit plus qu'un petit point. De la taille d'un marron. Peut-être lui en as-tu alors voulu. Il n'a pas respecté ses promesses des saisons qui passent.

Ou peut-être, au contraire, lui as-tu été reconnaissante de rester fidèle à ce déroulement du temps, toi qui as été menée, avec brutalité, vers le chaos des hommes.

Sans doute écrivais-tu encore à ton journal dans ta tête. Je veux croire que tu avais encore la possibilité de t'abandonner à ces mots. De penser à Kitty.

Le typhus.

Je n'ai pas regardé sur Internet ce que ce mot voulait vraiment dire, comme je le fais parfois. Le typhus doit rester aussi flou qu'une feuille de marronnier en automne.

Ce trou-là dans ta vie, ce trou sans écriture est pour moi sans mot possible.

Dans 2 mois et 12 jours, j'aurai l'âge auquel tu as écrit ta dernière lettre.

C'est à ce moment-là qu'il se passera sans doute quelque chose.

Une vague ?

Idée de devenir

gue ?

Je

pourrais

m'amuser,

faire

comme

si

je

déroulais

une

bobine

sans

fin.

Est-ce

que

ce sera

alors

une

va

Un roulis, plutôt.

Toujours de la fièvre. Clouée au lit.

Chapitre 13
Maladie

http://fr.wikipedia.org/wiki/Typhus

Cet article traite du typhus. Ne pas confondre avec La fièvre typhoïde qui est due à Salmonella typhi ni avec les fièvres paratyphoïdes qui sont dues aux Salmonella paratyphi, se référer à l'article correspondant.

Pour le monstre de la mythologie grecque, voir Typhon.

Le typhus (du grec typhos) est le nom donné à un groupe de maladies similaires graves pour l'homme.

Il s'agit d'infections provoquées par les bactéries de la famille des Rickettsies. La Rickettsie sévit à l'état endémique chez les rongeurs qui lui servent d'hôte, y compris les souris et les rats, et est transmise *aux humains par des acariens, des puces et des poux de corps. L'arthropode vecteur se développe dans des conditions d'hygiène déficiente, comme celles qu'on rencontre dans les prisons ou les camps de réfugiés, parmi les sans-abri ou, jusqu'au milieu du XX*e *siècle, dans les armées en campagne.*

Les symptômes communs à toutes les formes de typhus sont une fièvre qui peut atteindre 39 °C, des maux de tête et un état d'hébétude et de stupeur (typhos). Dans les pays tropicaux, le typhus est souvent confondu avec la dengue.

Mon œil se pose très rapidement sur la photo d'un torse malade. Je ne parviens pas à m'y attarder.

Un clic.

Typhon : Peu de personnes l'ont vu, aucun humain ne l'a approché, tous les dieux qui l'ont vu se sont métamorphosés, hormis Zeus qui au terme d'un combat homérique, l'écrasa de sa foudre sous le volcan Etna, ce qui pourrait expliquer d'ailleurs, pourquoi ce volcan est en éruption permanente.

Pourtant, j'ai trouvé l'image suivante :

(Typhon - le Mercure des Philosophes,
Della transmutatione metallica,
Giovanni Battista Nazari, Brescia, 1589)

FÉVRIER

Chapitre 14
Le corps mort du monde

Chère Anne,

La fièvre m'a enfin quittée. J'avais une grippe. Pendant que j'étais au lit, j'ai potassé un peu les cours de français. Je suis alors tombée sur un passage d'une écrivaine : Marguerite Duras. C'est dans un livre qui s'appelle *L'été 80 :*

Je me suis dit qu'on écrivait toujours sur le corps mort du monde et, de même, sur le corps mort de l'amour. Que c'était dans les états d'absence que l'écrit s'engouffrait pour ne remplacer rien de ce qui avait été vécu ou supposé l'avoir été, mais pour en consigner le désert par lui laissé.

Aurais-tu compris, toi, Anne ?

Il y a dans les livres, parfois, des mots qui font peur.

Mais ils me font envie aussi.

Peut-être que quand je les comprendrai, ils ne m'inquiéteront plus.

Corps mort commence comme cormoran. Cela doit donc bien, après avoir séjourné dans l'eau, effleurer les vagues puis s'envoler quelque part.

Moi j'écris, pourtant je ne connais pas encore l'amour. Si, j'ai aimé Dimitri, étant petite. Mais c'était un amour de gosse. La seule chose sur laquelle je peux donc écrire, c'est sur le corps mort du monde.

J'écris sur ton corps, Anne, et sur celui de toute l'humanité et de toute la nature qui ont eu lieu avant moi. J'ai envie que vous surviviez tous dans mes mots.

Aussi, j'écris lorsque les choses sont finies. Marguerite Duras voulait-elle dire cela ? On ne peut pas écrire au moment où l'on vit quelque chose. C'est sans cesse différé.

Je me dis que je devrais me dépêcher de vivre tout ce qui semble avoir une fin. Je suis pressée de pouvoir écrire sur le corps mort de l'amour, pour en dévoiler l'infini.

Mon corps à moi n'est pas mort. Il est en attente.

Eurydice, elle, a déjà embrassé plusieurs garçons. Dans notre classe, des filles disent qu'elles ont déjà fait l'amour. Eurydice est persuadée qu'elles mentent, mais moi je ne crois pas. Elle ne peut pas imaginer jusqu'où on peut aimer à notre âge.

Je sais que je pourrais aller très loin.

Lorsqu'on en discute, avec Eurydice, c'est la peur qui prédomine dans ses paroles. Moi, je crois que je n'aurai pas peur. J'ai très hâte de montrer mon corps à celui que j'aimerai. Ce qui me fait le plus peur, c'est d'aller vers l'amour. Voilà pourquoi je n'ai encore embrassé personne. C'est ce premier pas qui me paraît énorme. Ensuite, tout devrait couler de source, non ?

Je me trompe peut-être.

Mon corps, je le trouve beau, dans la psyché de la salle de bain. C'est comme s'il avait une vie propre. C'est un drôle de truc d'être une fille. À commencer par les règles, que j'ai eues pour la première fois il y a deux ans.

Encore une fois Eurydice s'en plaint, mais moi je suis émerveillée à chaque fois par ce liquide qui s'écoule de moi. C'est comme s'il ne s'agissait pas de moi. Cela se passe malgré moi, et c'est un sentiment d'une douceur infinie.

Je me sens alors très proche du marronnier.

Anne, tu avais Peter, tu n'avais que Peter, je comprends que tu aies voulu l'aimer. J'aurais fait la même chose. Moi, je peux choisir. Je pressens que Dimitri ne me décevrait pas.

Tu sais ce que j'écoute, là ?

Mélodie est au lycée, j'en profite. J'ai glissé un disque de papa dans la platine. Je me suis allongée sur le tapis du salon pour t'écrire. Le compositeur, c'est un dénommé Rameau.

Voilà comment je regarde papa, moi. Je prends rarement les photos entre les mains.

Dans ma tête, papa n'a plus de corps, même plus de silhouette. Je pense à lui comme à un fond bleu sur lequel seraient posés des plis de papiers blancs. Cela ferait comme des feuilles d'arbres, ou des ailes d'oiseau. Suivant mon humeur, papa est le bleu, ou bien le blanc. Il est le pliage, puis le dépliage du papier. Il est la mémoire du pli déplié. Sa forme imprévue...

À toi,
Kitty

Chapitre 15
Rêve

Je suis tombée dans une mer sombre et plate. Je descends, doucement, sans bouger, jusque dans les abysses. Tout est noir, jusqu'à ce qu'ondoient vers moi les esprits de la mer. Femmes-poissons, femmes-poisons, visages fins, roses et bleus au regard décidé, à la féroce avidité, elles ondulent, elles cherchent une proie. Souffrent-elles, victimes d'un mauvais sort ? L'onde est verte et dorée, glauque et lumineuse, traversée d'éclairs blancs et fulgurants. Quelle âme torture l'esprit bleu que je vois monter, quel corps malmène-t-il, manipule-t-il jusqu'à sa perte ? Quelle âme tente de séduire cette créature au visage rose, quelles lèvres attire-t-elle ? Émettent-elles un chant de sirène, quels corps autres que le mien les rejoindront dans les tréfonds ?

Peut-être protègent-elles les serpentines. Leurs sœurs endormies. Ce sont les mêmes dans un autre état, un autre lieu. Femmes changeantes, mouvantes, ondulantes, elles sortent du puits profond et sombre pour se retrouver alanguies, nues, offertes au sommeil et à la lumière, sur un lit de fleurs odorantes. Lèvres entrouvertes, attendant un goût âcre, yeux clos. Entre rêve et réalité elles me regardent. Chevelures rousses et brunes piquées de fleurs, gonflées de songe et d'eau, je sens, je respire et je veux avaler leur souffle et leurs soupirs.

Et voici les sirènes, tête renversée, endormies dans leur lit de dorures compliquées. Qui ont-elles emporté dans leur voyage, quelle tête croit enserrer le bras replié ? L'odeur entêtante des fonds marins m'enivre davantage que leurs chants issus des rêves.

Puis les ondines se réveillent, font jouer leurs rires et leurs crinières, s'ébattent dans les esprits et tourmentent les âmes des victimes invisibles. Puis elles fileront à mon approche, telles des anguilles agiles et glissantes, elles se transformeront sans crier gare en esprits-poissons menaçants, s'enrouleront autour de ma taille et de mon cou, et serreront leur proie, jusqu'à ce que je ne fasse plus qu'une avec les ondes.

Je m'y endormirai, m'y fondrai, tomberai profondément dans leur puits, il m'engloutira. Je me réveillerai devant une fleur maritime en forme de calice.

mer flots

amer flux

à merci flou

à moi flamme

désirer

aimer

être

?

Chapitre 16
Près de la faille

Chère Anne,

Nous sommes en février et pourtant, cette année, certaines journées ressemblent à l'été.

Hier, c'était le cas. Nous avions une heure de permanence. Eurydice, Christophe et moi sommes allés nous promener à la pinède. Christophe, un terminale, est la nouvelle proie d'Eurydice.

Nous nous sommes arrêtés, et je me suis installée sur un rocher, les bras entourant mes jambes, le soleil mordant ma peau qui en a gardé le souvenir brun. Je regardais Christophe.

Il était assis tout près d'Eurydice. Ils se taquinaient, riaient bêtement, je voyais clair dans leur petit jeu, et, d'une certaine façon, je les détestais. Bien sûr, Eurydice est jolie. Elle sait qu'elle est belle, et c'est à cela qu'elle se raccroche. Moi, ai-je besoin de me raccrocher à quelque chose ? Je ne sais pas, en tout cas je restais là.

Nous étions sur un bateau de pierre qui surplombe le port. C'était, il y a longtemps, la propriété d'un ancien marin devenu riche. Il avait fait sculpter ce bateau au drôle de destin. Peu de temps après, la foudre s'y est abattue et a creusé une large faille qui l'a brisé en deux. Le pin qui devait faire office de mât s'y est épanoui. J'étais près de la faille, eux au centre du pont. J'ai envie d'ajouter : comme il se doit.

Eurydice gloussait et moi je comptais les bateaux, au loin. Pourquoi est-ce que je restais là ? J'étais là et pas là, j'attendais, je réfléchissais, persuadée au fond que Christophe finirait par s'apercevoir que j'étais plus intéressante qu'Eurydice. Mais comment aurait-il pu le savoir, puisque ce genre de garçon ne m'adresse jamais la parole ? Il ne me plaît pas plus que cela, Christophe, mais il y a une injustice qui me dérange profondément. Je suis restée en attendant un miracle.

Eurydice a une voix d'enfant, plutôt aiguë pour son âge, mais qui ne trouve pas la hauteur adéquate, elle dégringole ou monte soudain sans raison. Je suppose que cela ajoute à son charme. J'en entendais le timbre sans tenter de comprendre les mots. Ils étaient stupides, de toute façon. Christophe, lui, semblait gêné par ma présence. Il tentait tout de même de m'inclure dans leur conversation. Eurydice l'en décourageait vite par un geste ou une parole qui signifiait que je n'étais rien. Je haussais les épaules et jouais avec un caillou.

Mais soudain j'ai eu une réaction imprévisible. J'ai dit, d'une voix forte et posée :

– Les oiseaux ne chantent plus.

Ce qui était vrai. Christophe m'a lancé un regard déconcerté. Ça y était, pour lui, depuis cet instant, j'étais folle. Ce ne sont pas des phrases qu'on dit. On dit c'est grave, je m'emmerde, il est trop nul ce mec, mais pas les oiseaux ne chantent plus. Faut être complètement barré. Eurydice a choisi la posture qu'elle adopte toujours lorsqu'elle ne sait pas quoi faire : elle s'est mise à rire fort pour redevenir le centre de l'attention, puis elle s'est calmée. Un court silence s'est établi entre nous trois, un silence étrange où sont tombées diverses choses, comme une stupéfaction mêlée d'une lucidité en forme de blessure.

Mais Eurydice ne voulait perdre ni l'attention ni la face, alors elle a dit :

– Ah ! N'importe quoi...

Et sa voix, bizarre et flûtée, un peu triste, m'a semblé à la fois enterrer quelque chose, et déterrer autre chose.

À toi,
Kitty

Chapitre 17
Image du monde

Chère Anne,

Le lycée est un grand bâtiment en forme de L.

Lorsque je m'en approche, tous les matins, je m'efforce de le regarder en plissant les yeux. C'est juste pour le rendre moins banal. Moins quotidien. Une autre façon de faire est de poser les pouces sur les paupières fermées et de masser assez vigoureusement. Au lieu du bête bâtiment aux lignes dures, on voit plein de petits points et de ronds et de lignes qui fusent. Cela ressemble à l'art des aborigènes d'Australie. Chaque tableau, paraît-il, raconte un épisode de la création du monde.

J'aimerais faire la même chose avec les professeurs et la majorité des élèves du bahut, mais on me prendrait pour une tarée, la moitié du temps les doigts enfoncés dans les yeux, et l'autre moitié hallucinée. Déjà que je passe pour quelqu'un de pas ordinaire…

Je ne sais pas réellement pourquoi. Il doit y avoir autre chose en moi qui me différencie des autres. Sinon, je n'aurais pas été accueillie, par exemple, aujourd'hui, par des pépiements d'oiseau.

Au départ, je n'y ai pas fait attention. J'étais à quelques mètres de la porte vitrée qui mène au hall du lycée. À notre âge, il arrive encore à certains de faire des bruits étranges, comme babillent les enfants. Je pensais que c'était un jeu qui ne me concernait pas. Puis les trilles se sont tus et quelqu'un a prononcé d'une voix de fausset : *tiens, les oiseaux ne chantent plus*.

Les rires ont suivi, en cascades. J'ai tourné la tête vers ces imbéciles. Ils étaient assis sur la pelouse qui longe la verrière du lycée. Parmi eux, bien sûr, se trouvait Christophe. Mais aussi Eurydice, hilare comme les autres. Puis elle fit mine de regretter, posa sa main sur ses lèvres. Avec de grands gestes, elle demandait aux autres de se taire.

– Allez, arrêtez, c'est pas drôle, disait-elle.

Elle s'est précipitée vers moi, bien décidée à l'ignorer superbement.

– Chloé, allez, ils sont bêtes, fais pas attention.

Je n'ai rien répondu et ai poussé la porte vitrée. Elle m'a rejointe, prise aux épaules. J'ai alors eu un mouvement incontrôlable. Je l'ai repoussée en sifflant :

– Laisse-moi tranquille ! Retourne avec ton Christophe !

Eurydice est restée un instant immobile. Elle était stupéfaite de ma réaction. C'était la première fois que je la contrais. Ce n'était pourtant pas très violent, je trouve.

– Je suis plus avec lui, m'a-t-elle répondu. J'ai cassé. Il est vraiment trop con.

– Mais qui est-ce que tu ne trouves pas con ?

Ces paroles se sont échappées de ma bouche. Je les ai tout de suite regrettées. Elles étaient légitimes, mais trop faciles. Je ne pouvais pas résumer la vision d'Eurydice de cette façon-là. Je m'en suis voulue de ce raccourci comme tout le monde en fait tout le temps, et qui réduit nos perceptions.

Elle n'est d'ailleurs pas si bête, Eurydice. Pas dupe d'elle-même. Ce qui fait qu'elle n'a pas répondu. Elle a dit :

– Quand tu es venue à la maison, l'autre jour, ma mère a trouvé que tu avais une petite mine. Elle m'a dit de te dire que tu peux venir dormir chez nous quand tu veux, y passer quelques jours, même, si tu en as envie. N'importe quand.

Puis elle a tourné les talons, et est sortie du hall.

Je suis restée plantée là, mortifiée.

La dernière fois que je suis allée chez Eurydice, j'étais à peine remise de ma grippe. C'est tout. Qu'a-t-elle imaginé, sa mère ? Pourquoi cette proposition saugrenue ? Est-ce que j'ai l'air de quelqu'un qu'il faudrait recueillir ? Est-ce que j'ai besoin que l'on m'héberge quelques jours ? Quelle image est-ce que j'offre ? Quelle image donne ma famille ? Que dit-on de nous ? C'est parce que je n'ai plus mon père ? Ou parce que ma mère n'a pas l'air d'une mère ordinaire ? N'a-t-elle pas l'air d'une mère ordinaire ? Et qu'est-ce qu'une mère ordinaire ?

Toutes ces questions me donnent mal à la tête.

Je ne sais pas ce que signifie « ordinaire ». Je nous crois tous extraordinaires. Nos différences sont si impalpables. D'après quelle norme se situent les autres ? Quelle norme est ancrée dans l'esprit d'Eurydice et de sa mère ?

Je sais, moi, que les autres ne raisonnent pas

avec le même mécanisme, les mêmes rouages que moi. D'abord, ils n'ont pas le même regard. Leurs yeux ne s'arrêtent pas sur les mêmes objets. Cette idée m'est venue en observant maman, justement. Son regard semble ne jamais se poser sur quoi que ce soit de précis. Sur ses bouts de miroirs, si. Ou sur les fleurs qui jonchent notre appartement et le bord de nos fenêtres. « J'aurais pu être fleuriste », lance-t-elle parfois. Je les regarde alors à mon tour, ces fleurs. Elles sont colorées, leurs lèvres aux formes diverses embrassent des anges imaginaires ; sagement enceintes dans leur carré ou rond de terre, leurs tiges sont soutenues par un bâton, leurs élans sont coupés, et je me mets à rêver de grands espaces touffus.

J'ai souvent ce sentiment de vaste jungle dans mon esprit, face au jardin anglais de celui des autres. Aux questions des professeurs me vient une telle quantité de réponses que je n'ai jamais le temps de lever le doigt pour toutes les exprimer. À côté, un autre a déjà répondu en une phrase claire et précise, pour laquelle on le félicite.

Je pense parfois que l'école m'apprend à ranger mon esprit, et les livres à le déranger. Le résultat, c'est que je ne suis jamais sûre de rien.

Je reste étonnée par les jugements tranchés, par l'assurance de personnes comme Eurydice. Moi je visite trop de tiroirs à la fois, dans la remise de mon esprit. Il me paraît très important de bien remplir les étagères.

Ce choix de remplissage reste tout de même un mystère. Les autres semblent ne pas y accorder tant d'importance. Même si je meurs demain, et à vrai dire surtout si je meurs demain, je dois veiller à ce que ce soit plein. C'est un projet de soi, à court ou à long terme, on s'en moque. Le temps n'a rien à voir là-dedans. C'est une image que je regarde, ce vers quoi je tends. Peu à peu cette image de moi se confondra avec l'image du monde. Les contours de ma silhouette se disperseront, et seront portés sur les ailes des oiseaux, là, devant ma fenêtre, et devant ces plantes que maman regarde plus fixement que moi.

J'ai quinze ans aujourd'hui. Je sens une autre échéance approcher. Nous allons fêter cela ce soir. Maman est en train de préparer un gâteau au chocolat, celui que je préfère. J'ai dit que je ne désirais rien, mais je sais qu'elle m'a acheté un nouveau carnet ainsi qu'un stylo à encre pour écrire. Elle ignore que dans moins de deux mois, je n'aurai plus à le faire...

Pour l'occasion, j'ai réfléchi à ma vie. Je me suis penchée sur mon passé.

Je crois me souvenir de mon enfance. Pourtant, je ne sais pas si ce sont les faits dont je me souviens qui sont importants. Et ceux-là, sont-ils vrais, ou les ai-je transformés ? Tout semble se jouer derrière une vitre sale et embuée.

Je me demande souvent si je viens effectivement d'où je crois venir.

Si ça se trouve, je peux l'inventer. Cela serait ensuite plus facile d'écrire mes idées de devenir. Si j'invente ce que je deviens, je dois sans doute avoir le droit d'inventer d'où je viens. Peut-être même inventer ce que je suis. Exister ne serait plus un problème.

Pourquoi pas ? L'écriture permettrait cela.

Je pourrais, par écrit, inventer toute ma vie, de ma naissance jusqu'à aujourd'hui. La plus grande des vérités y résiderait dans les plus grands mensonges, et cela ferait un bien fou.

À toi,
Kitty

MARS

Chapitre 18
L'imprévu

Chère Anne,

Ça recommence.

Mélodie et moi, on rentrait de la piscine. Il faisait déjà nuit. Les étoiles, il m'a semblé, brillaient d'un éclat particulier. Dimitri, cette fois, n'était pas là, mais j'ai quand même nagé avec son image dans l'eau. Puis, tout au long du trajet, je l'ai gardée en moi. Mais Mélodie m'a forcée à enfiler mon manteau, comme on le fait avec les enfants.

Puis nous avons ri en tapant dans une boîte de conserve, chacune à notre tour, en courant de plus en plus vite.

Nous sommes rentrées bruyamment, riant encore. Maman n'était pas dans le salon, elle a émergé de notre chambre en disant :

– On n'a plus de lait. Je vais en chercher à l'épicerie de nuit.

– Je peux y aller, si tu veux, maman, a proposé Mélodie.

– Non ma chérie, ça me fera du bien de sortir.

Elle a enfilé sa gabardine, celle qui lui arrive à mi-cuisses et se noue à la taille. Je l'ai regardée, et je l'ai trouvée belle, ma mère. Elle est aussi blonde que je suis brune. Ses cheveux mi-longs sont fins comme ceux d'un enfant. J'ai vu mieux que les autres fois son regard marron clair, fuyant. Ses lèvres fines. Les bagues à ses doigts. Ses chaussures noires à petits talons.

– À tout de suite, a-t-elle dit avant de disparaître derrière la porte.

Mélodie et moi avons continué à rire. On s'est affalées sur le canapé et on a parcouru le programme de télévision, en se moquant des photos des animateurs et des stars. Puis Mélodie est allée faire ses devoirs dans sa chambre. Des équations à résoudre. Elle m'a parlé d'un nombre d'or, et j'ai trouvé cela joli.

Moi, j'ai allumé la télévision et regardé un programme qui vide la tête. C'est une agréable sensation, après la piscine, le chlore, le silence aquatique, la langueur du corps immergé, de s'étendre devant le vide télévisuel. C'est comme flotter encore.

Une demi-heure plus tard, Mélodie est sortie de la chambre, sourcils froncés :

– Maman n'est toujours pas rentrée ?

– Non. Elle a sans doute trouvé quelqu'un avec qui discuter.

Mais le doute s'était insinué dans mon cœur. Il s'est mué en inquiétude. Je ne flottais plus. Je me suis redressée. Je ne tenais plus en place. Mélodie, je le savais, ne parvenait plus à se concentrer, de l'autre côté du mur. Les chiffres, les courbes, dansaient sans doute devant ses yeux.

Ce mur tanguait un peu, mû par une autre immersion.

Une heure s'est écoulée dans le bruit de la télévision. Je ne l'entendais plus. Comme cette musique en deçà des situations dialoguées des feuilletons pour jeunes. La lumière issue des deux lampes tamisées du salon est devenue floue, se réduisant à des halos. J'ai levé mes deux mains devant moi et j'ai agité les doigts. Je me suis absorbée dans ces mouvements comme s'il s'agissait de petits personnages étrangers qui s'employaient à me distraire. Puis Mélodie est réapparue.

– Je sors, Chloé. Je vais voir si je la trouve.

J'ai acquiescé en silence. Mélodie est sortie.

Une fois seule, j'ai erré dans l'appartement.

Il me fallait visiter chaque pièce. Le son de la télévision me rassurait. Je crois même l'avoir haussé un peu. Je suis passée devant les photos de papa sans les regarder. Puis j'ai cherché mon téléphone dans mon sac d'école. Je l'utilise peu, parce que ça coûte cher. Maman en a offert un à Mélodie, et un à moi. Nous sommes chacune enregistrées en numéro gratuit pour les deux autres. Ils ne nous servent qu'à cette triangulation. Et c'est rare. Mélodie et moi avons des horaires bien réglés. Mélodie travaille tant qu'il est rare qu'elle s'attarde avec des copines. Et ma vie sociale à moi est si restreinte, en dehors d'Eurydice, qu'il y a peu d'imprévus dans ma vie. Qui plus est, nous ne sommes pas ce qu'on appelle des « adolescentes à problèmes ». Peut-être parce que nous savons qu'il n'est pas utile d'en rajouter. Maman n'a jamais à s'inquiéter de nous.

J'ai interrogé la messagerie. Aucun message.

Maman n'en laisse jamais.

La vie de maman, elle aussi, est dépourvue d'imprévus. Mais quand il y en a un, comme aujourd'hui, il est si énorme qu'elle n'en a même pas conscience. C'est un imprévu qu'elle ne peut partager. Un imprévu beaucoup plus fort que sa propre volonté.

Je crois.

Mélodie est revenue. Elle a fermé la porte et est restée là, immobile, plusieurs secondes.

– Ça recommence, Chloé. Il n'y a plus qu'à attendre.

À toi,
Kitty

Chapitre 19
Rêve éveillé

Que ressent maman ? J'essaie tellement de comprendre ce qui la pousse à fuir, que dans mon rêve, soudain, je suis elle.

Une fois dehors, je suis éblouie par la lumière. Jamais les couleurs de la ville n'ont été aussi vives. Jamais les mouvements plus fluides, sans brusquerie, jamais les sons aussi bien placés dans leur dissonance. Je glisse sur le bitume, et j'oublie aussitôt ce pour quoi j'étais sortie.

Déconnectée d'un monde, j'entre dans un autre en même temps que dans un autocar. Je suis soulagée d'y trouver une place assise : je sais que je n'aurais pas pu rester longtemps debout sans vaciller. Je ne cède ma place à aucune personne âgée. Elles semblent bien plus stables sur leurs deux pieds que je ne le suis.

Le bus démarre. Au-dehors, le paysage urbain se meut en traînées de lumière. À l'arrêt, cela devient des formes flottantes, en mouvement perpétuel. À l'inverse, les hommes et les femmes, dès qu'ils pénètrent dans l'espace limace de ma bulle mobile, je les perçois avec une rare acuité. Chaque détail me bouleverse. Une peau de porcelaine ou un teint buriné ; un col mal placé, un bouton manquant ou un accroc reprisé ; les gestes voulus ou échappés, les tics et les tocs, les regards appuyés ou fuyants ; les amoureux, les frères et les sœurs, les pères et les mères, les enfants et les nourrissons ; les sonneries agaçantes ou surprenantes, les conversations chuchotées ou aisées ; les mains, je regarde beaucoup les mains, les vies s'y dessinent, les taches s'y ancrent, les nœuds s'y tordent, je repère les plus belles, les plus fines et déliées, celles qui me semblent les plus douces, je ferme les yeux et sombre. Je tombe souvent vers le haut, c'est une drôle de sensation, comme un gouffre à l'envers, une chute vers les cieux dont je reviens difficilement. Tous mes sens se trouvent exacerbés. Mon corps, vide, se remplit avec avidité de désirs et de sensations. Les odeurs, ah les odeurs ; je suis sensible autant à leurs mains, leurs mouvements, qu'à leur voix ou leur odeur : les hommes et les femmes. Voilà, il me suffit de fermer les yeux, et tomber. Les silhouettes finissent par s'imprimer sur ma rétine avec la netteté d'un trait dessiné au feutre noir, les couleurs des vêtements semblent peintes à la gouache et les peaux à l'aquarelle. Mais les odeurs et les sons restent d'une réalité brute et puissante.

Je sors enfin du bus. Dès que je pose le pied sur le sol, je vois cette femme avec son enfant. Assises à terre. Je suis frappée par les cernes de la petite fille. Là encore, j'ai une réaction étrange. Je m'approche de la mère et commence à discuter avec elle, pour peu à peu arriver à ce que je désire plus que tout au monde à ce moment-là : m'asseoir à ses côtés. J'ai une soif d'humanité, mais aussi de déchéance inextinguible. Je m'installe tout contre elle et commence à câliner l'enfant. Je parle ainsi longtemps. Je désire tout lui donner, mais à aucun moment, étrangement, je ne pense aux trois euros qui reposent au fond de ma poche. Je finis par quitter cette femme et sa fille avec le sentiment d'avoir le cœur, le ventre, le corps entier ouverts jusqu'aux entrailles. Je pense aux planches de médecine illustrées d'écorchés, je suis ainsi. L'air me brûle.

Je me rappelle enfin mes trois dernières pièces. Je les saisis, les regarde sur la paume de ma main comme d'objets dont je ne connais pas l'usage. Je dépose une pièce dans une boîte aux lettres, une autre sur un banc et encore une autre dans le creux du chapeau d'un enfant.

Je marche longtemps, je marche loin. Je parle aux gens qui me semblent beaux. Lorsque quelqu'un me touchera, je pleurerai doucement, très doucement.

Avec les larmes écoulées, je reviendrai peu à peu parmi vos rivières.

Chapitre 20
La voix de l'absent

Chère Anne,

Mélodie et moi avons passé une nuit presque blanche.

D'ordinaire, ce sont les gens de mon âge qui fuguent. Quand j'étais en quatrième, une fille de ma classe n'arrêtait pas. Elle était arrivée en cours d'année, et la prof de français avait demandé à parler à trois d'entre nous. Elle nous avait dit :

– Je vous ai choisis parce que vous avez tous les trois des caractères très différents. Je vous demande d'essayer d'aider S. Je ne sais pas, pour ses devoirs, par exemple. Elle est fragile, comme vous l'avez entendu dire…

Elle n'avait pas ajouté : je compte sur vous,

mais on l'avait entendu quand même. Cela avait été très difficile pour moi. Cette fille était complètement fermée. Je lui parlais, mais elle ne me répondait pas. Il arrivait qu'elle se lève de sa chaise, en plein cours, et qu'elle s'en aille. Elle courait vite. Le prof, souvent, ne parvenait pas à la rattraper. On la retrouvait, en général, cachée derrière un bateau, sur le port.

Un jour, elle n'est pas venue en cours. On a appris qu'elle était à l'hôpital. Elle avait sauté du toit de son bâtiment. Elle n'est plus jamais revenue, et je n'en ai plus entendu parler. Elle avait déménagé, paraît-il. Je me suis dit que, si ça se trouvait, elle changeait de collège après chaque tentative de suicide, pour ne pas avoir la honte devant les autres. Est-ce qu'on doit avoir honte, dans un tel cas ? Je ne crois pas.

Une fugue. C'est un joli mot. On l'utilise en musique. Je l'ai vu dans plusieurs titres des disques de mon père. J'avais recherché ce que cela signifiait. C'est une forme musicale où différentes parties reprennent le même motif. Comme une frise.

Mais on n'entend jamais parler de fugues d'adultes. Sans doute parce qu'un adulte est censé être libre. Il fait ce qu'il veut. Il passe ses journées et ses nuits où il veut. Mais une mère ?

Quand on a des enfants, on ne peut plus faire ce que bon nous semble.

Sauf ma mère. Maintenant, on est grandes, Mélodie et moi. Est-ce qu'on peut exiger que notre mère se prive de liberté ?

Tout de même, elle aurait pu prévenir. Sommes-nous de tels boulets qu'elle ait besoin de fuir, de plus en plus souvent ? Sans rien dire ? Sans prévenir ?

Je la déteste. Pense-t-elle à nous ? À notre inquiétude ?

J'ai dit à Mélodie :

– S'il te plaît, on met un disque de papa ?

Elle était encore sur le pas de la porte, son manteau sur le dos, son sac en bandoulière. C'était comme s'il avait plu. Sa silhouette semblait piteuse et trempée. Contrairement à moi qui ai toujours besoin de tenter des trucs avec mes cheveux, elle a su laisser pousser les siens. Ils tombaient sur ses épaules, ses bras, rayaient son visage très pâle. Mélodie est beaucoup plus jolie que moi. Je m'en suis encore fait la réflexion lorsqu'elle a planté son regard bleu sur le mien (d'où lui vient la couleur de ses yeux, c'est un mystère, mais nous connaissons peu de membres des familles de papa et maman). Elle a répondu :

– D’accord, mets ce que tu veux.

J’en ai choisi un : les *Concertos italiens* de Jean-Sébastien Bach.

La musique a commencé. Je suis allée m’asseoir sur le lit de Mélodie, en face des photos. Elle m’a rejointe, débarrassée de son sac et de son manteau. Nous sommes restées là, à regarder cet homme dont je ne me souviens pas, papa. Pas de papa.

Il était pourtant beaucoup plus présent que maman, comme cela. La musique était touchante. Parfois très gaie. Nous sommes restées assises longtemps.

Lorsque le piano s’est tu, c’est Mélodie qui a mis un autre disque. La nuit s’est passée ainsi. De temps à autre, Mélodie appelait maman sur son portable. Elle mettait fort le message de son répondeur. Sa voix paraissait celle d’une autre :

Vous êtes sur le répondeur de Aude Saunières. Je ne suis pas disponible pour l’instant, mais laissez-moi un message !

Le ton était monocorde, sauf la fin : « …moi un message » sonnait bizarrement. Un ton enjoué, qui ne ressemble pas à maman. Maman peut être enjouée, mais pas de cette façon superficielle. Les annonces de messagerie me laissent toujours une impression d'irréel. On entend la voix de celui ou celle à qui on ne parlera pas. L'absence a la voix de l'absent.

Vers deux heures du matin, nous étions allongées l'une à côté de l'autre, les yeux grands ouverts. Mélodie a écouté dix fois la voix du répondeur de maman.

mais laissez-moi un message !

un message !

sage !

– S'il te plaît, arrête, ai-je marmonné.

Aux alentours de trois heures, j'ai imaginé maman errant dans la ville. Ses trajectoires se déroulaient sans but. Je m'éloignais de son image comme dans une montgolfière grimpant rapidement vers les nuages. À la fin, j'étais si haut que je ne la percevais plus que sous la forme d'un tout petit point. Son trajet laissait une trace, comme la fumée des réacteurs d'avions, qui raie le ciel. Le dessin final figurait plusieurs étoiles enchevêtrées.

Vers quatre heures du matin, Mélodie a commencé à parler :

– Quand tu étais plus petite, je t'enviais. Tu étais tout le temps contente. De tout. Tu ne pleurais que quand ça te touchait directement. Comme je suis l'aînée, je crois que j'ai pris conscience des choses plus tôt que toi.

– Quelles choses ?

– Des choses que maman disait, faisait. Elle n'a jamais été comme les autres mères. Lorsqu'elle venait me chercher à l'école, je la voyais toujours seule au portail. Les autres étaient en grappes, dans de grandes discussions. Elle, jamais. Quand quelqu'un lui adressait la parole, elle regardait par terre, puis fuyait. Ça s'est arrangé, au fil des années... D'autres fois, elle restait longtemps assise sans rien faire. Le ménage n'était pas fait durant plusieurs jours. C'était moi qui devais m'occuper de toi.

Elle a laissé passer un silence. J'ignorais tout cela. Elle ne m'en avait jamais parlé.

– Un jour, elle a dû faire un séjour en maison de repos. Je ne me souviens pas pourquoi. Peut-être qu'on m'en avait caché la raison. Et nous, tu n'avais que six ans, on avait été gardées par une tante qui avait fait un long voyage en train. Je ne sais plus d'où elle venait, mais elle répétait souvent qu'elle avait fait ce long trajet pour nous. C'était une sœur de papa. Maman avait coupé les ponts avec toute cette famille-là. La tante nous connaissait à peine.

Elle était venue contrainte et forcée, je pense, et n'était pas très affectueuse. C'était affreux de vivre avec elle, ici. Elle regardait les photographies de papa comme s'il n'appartenait qu'à elle seule. Je n'aimais pas non plus les anecdotes qu'elle me racontait sur lui. Elle croyait me faire plaisir, mais elle parlait de quelqu'un d'autre.

Nous avons toutes les deux, machinalement, tourné la tête vers la commode aux photos. Puis elle a dit :

– Il ne faut plus que ça recommence.

– Quoi ?

– La maison de repos. Un étranger dans la maison. Ou pire : qu'on nous demande d'habiter ailleurs.

– Mais...

Des milliards de questions s'enroulaient dans ma tête.

– Mais tu ne crois pas que maman doit être... aidée ?

– Non !

La réponse de Mélodie était presque violente. Elle a repris, plus doucement :

– Non. Maman va beaucoup mieux. Elle a encore quelques absences, mais c'est de plus en plus rare. Elle a juste besoin de prendre l'air de temps à autre, comme cette nuit... Il faut lui laisser cela. L'accepter. N'en parler à personne. Tout rentre toujours dans l'ordre. Ensuite, nous irons au musée toutes les trois, et on rira de tout ça.

J'ai hoché la tête.

J'étais heureuse que ma sœur prenne les choses en main. Heureuse d'apprendre qu'elle s'était occupée de moi, petite. Je pouvais m'en remettre à elle. Elle était digne de confiance. Et nous avions un secret en commun.

J'ai posé ma tête sur son épaule. Et je me suis endormie.

À toi,
Kitty

Chapitre 21
Rêve

Maman… Je suis encore toi…

J'ai toujours cru que ma plus forte aspiration avait été de décoller, voler, sentir les ondes aériennes sur mes plumes, trouer les nuages, voir le monde plus petit et les lignes des cieux infinies, converser avec Jonathan Livingston, les treize oies sauvages ou Nils Holgersson. Je me suis souvent imaginée blanche et fine, le port altier puis la pose effilée lorsque j'aurais traversé les airs à la vitesse des rêves, les sons auraient alors été des espaces fins remplis d'éclairs vifs absolument insaisissables et mus en notes tranchantes à traverser mon crâne. Tout aurait ainsi été traversé et traversant, les éléments et moi dedans ou dehors, dehors et dedans, tout aurait été aigu et d'une clarté blessante.

Pourtant cette nuit-là, je ne me suis pas déplacée, planante et rapide, majestueuse et gracieuse, non, ce n'est pas volante que je suis devenue.

Comme tous les soirs, errante, je suis parvenue cette fois-là jusqu'au noir écoulé sur chaque branche, chaque ronce, et mélangé à l'onde amère et ligneuse de la calanque. Tout est paisible et bruissant à la fois, de plus en plus bruissant et de moins en moins paisible à vrai dire. Une vie intense s'impose à mes sens, et m'envahit, grimpe. Les étoiles brillent fort mais m'indiffèrent de plus en plus, c'est la vie qui m'attire, ce qui se passe à terre près de moi, à mes pieds de plus en plus impatients, de plus en plus proches de mes sens exacerbés. Une brise me gifle en une foultitude de senteurs. La grande Importance, que j'ai jusqu'alors ignorée, s'offre à ma conscience, l'Importance du monde, des serpents qui le peuplent, serpents de terre de mer et d'air ; ceux des airs sont les plus enveloppants, prégnants, comment ne les ai-je jamais vus, ils sont transportés d'ondes métalliques, parfois argentées, qui grésillent d'énergie et me brûlent de flammèches léchées.

Je pensais percevoir le monde en formes

floues et mouvantes, je me suis bien trompée. Tout devient au contraire géométrique et sensé, d'une cohérence fabuleuse, d'un encastrement infini. La ligne d'horizon, noire, découpant le ciel ou l'eau, se tord sous ma vision, ou se raidit au contraire, suivant qu'elle choisit de se trouver par-dessus ou par-dessous le vaste plan du monde.

De ligne elle peut se transformer en surface plane et lisse, elle-même surmontée d'autres lignes, d'autres surfaces, puis elle devient section de cercle, le cercle devenant lui-même section de globe qui devient section d'une autre dimension inconnue des hommes, et cela ne finit jamais, je le sens, pourquoi cela aurait-il une fin ? Je perçois la vanité des limites : par quelle force mystérieuse existerait-il un début et une fin ? C'est beaucoup plus inconcevable que l'infini.

Je suis là aussi pourtant, dedans et dehors, de plus en plus proche du sol. Cela n'a plus grand sens de toute façon, dedans ou dehors quoi ? Tout est infini. Des mouvements partout, brusques ou hésitants. Des frôlements. Des cris, des appels, des odeurs. Des feulements. Je me mets à me déplacer plus vite que je ne l'ai jamais fait, je ne sais plus comment. Je dois les rejoindre, je les ai sentis, je les ai entendus, ils sont là, ils m'attendent pour border leur meute. Tout va vite, peut-être plus vite qu'un vol d'oiseau, et je suis heureuse d'être près de l'humidité de la terre, près de la boue, des herbes sèches et des ronces, des épines, des écorces blessées. J'aime les sentir crever mon existence, la prouver, en être. Je ne vois d'eux d'abord que leurs regards brûlants, puis c'est leurs grognements et leurs mouvements gracieux, leurs allers et retours infinitésimaux sur eux-mêmes, leurs façons de me renifler. Je leur suis précieuse. Je les suis, confiante, dans cet univers de plus en plus cohérent. Je ne suis plus qu'une, une indéfinie parmi eux. Je n'ai plus de nom, ni d'autre distinction que différente d'eux, mais différente dans mon uniformité. Je suis eux, pas comme eux. Je suis le monde. Je les suis à une vitesse folle, je parcours des chemins, grimpe des rochers, m'insinue dans les buissons denses et griffus.

Je cours me roule me frotte joue chasse me bats mords lèche gémis sens le goût du sang l'aime le cherche l'attends, le sang, puis dors.

Dors.

Puis un jour, le soleil se lève.

Chapitre 22

Nuit presque blanche

....

....

. . . .

. . . .

....

....
.... Papa était b

eau...
....
....

Chapitre 23
Mots pleins

Chère Anne,

Tu rêvais sans doute de fugue, lorsque tu voyais le ciel à ta fenêtre. Tu rêvais de courir enfin. Happer l'air. Faire bouger ton corps. Vivre.

Tu fuyais d'une autre façon. À l'aide de tes mots, tu fuyais.

Tu vivais.

Les mots sont la vie.

Quoi qu'il pût t'arriver, tu aurais écrit, même dans ta tête.

Écrire, c'est tricoter avec les laines des pensées : formes, couleurs, fils, sensations, idées abstraites. Les agencer, puis les couvrir d'une couette douillette. Ou au contraire, les trancher avec un sabre.

Je n'ai jamais vu maman écrire. Je ne parle bien sûr pas des lettres administratives.

Monsieur,
Je vous prie de bien vouloir...
Madame,
J'ai l'honneur de vous demander...
Veuillez agréer...
Salutations distinguées...

Mots creux.

Je n'ai jamais vu maman écrire des mots pleins. Elle n'a personne à qui envoyer des lettres ou même des cartes postales. Ce n'est pas étonnant qu'elle fugue avec ses jambes ou sa tête, puisqu'elle ne fugue pas avec les mots.

Certes, les camps d'extermination ou de concentration n'existent plus. Notre pays vit dans une paix relative. Je dis relative, car je vois bien ces gens dans la rue. Ceux qui sont assis par terre et n'ont pas à manger.

Maman leur donne toujours quelque chose. Elle dit parfois, en riant :

– J'ai les poches percées !

... pour expliquer qu'il ne lui reste jamais de monnaie lorsqu'elle rentre à la maison.

Cela ne nous enlève rien.

À la mort de papa, les assurances ont payé la totalité de ce qui restait à verser pour l'appartement. Nous n'avons pas de loyer à payer. Comme nous ne partons jamais en vacances – maman déteste ça, de toute façon – et comme nous avons peu de besoins, ça fonctionne.

Malgré toute cette paix, cette absence de souci majeur, le besoin de fugue est là.

Nous avons entendu la porte d'entrée s'ouvrir vers 7h du matin. La première chose qu'a murmuré Mélodie, d'une voix rauque de sommeil, c'est :

– Elle déconne, à cette heure-là tout le monde l'aura vue !

Nous nous sommes levées avec difficulté et avons progressé en titubant dans le salon. Maman était là, comme les autres fois.

Comme Mélodie, quelques heures auparavant.

Devant la porte, debout, immobile, ployée sous une averse invisible. Comme les autres fois, je me suis avancée, je lui ai pris la main.

Elle avait l'air épuisée.

À toi,
Kitty

Chapitre 24
Attente (bis)

Chère Anne,

Comme les autres fois, maman n'a rien pu dire de sa fugue.

Pas pu ou pas voulu : je l'ignore. Je l'ai menée jusqu'à son lit, elle s'y est allongée tout doucement. Mélodie lui a juste enlevé ses chaussures, les a déposées sur le tapis, puis nous nous sommes esquivées silencieusement. Nous l'avons laissée là, sans lui ôter son manteau. Elle dormait déjà.

– Nous devons aller au lycée comme d'habitude, a déclaré Mélodie une fois dans le salon.

– Mais je suis crevée !

– Je suis désolée, Chloé, mais on ne doit donner aucun indice sur ce qui s'est passé cette nuit.

– Qu'est-ce qui s'est passé ? Tu en parles comme si elle avait commis un crime !

– Qu'est-ce qu'on en sait, après tout !

Sa voix était sourde. Elle a ajouté :

– Il faut que j'appelle au boulot de maman pour leur dire qu'elle est malade.

– Non, je peux y passer, moi. C'est sur le chemin du lycée, et je ne commence qu'à dix heures, j'ai le temps.

Mélodie a hésité un instant, puis ses épaules se sont affaissées sous le coup de la fatigue et du stress.

– D'accord.

Elle a tourné autour de la table basse, a passé plusieurs fois sa main dans ses cheveux longs, avant d'annoncer :

– Je vais prendre une douche.

Je me suis donc arrêtée à l'école où travaille maman. Ils me connaissent bien, là-bas, parce que je viens souvent regarder les enfants ou jouer avec eux. Ils sont fantastiques. Avec eux, on n'est jamais déçus de rien. Je me demande ce qui peut, à un moment, orienter un enfant vers un destin de meurtrier ou de tyran. Je me le demande, parce qu'ils sont tous adorables, à trois ou quatre ans. Avec un travail aussi chouette, je ne comprends pas que maman ait besoin de partir vers un ailleurs.

Le portail était fermé, puisque l'heure de l'accueil en classe était dépassée. J'ai sonné. C'est Arlette, « la tata en chef », comme on l'appelle, qui est venue m'ouvrir. Je l'aime bien, elle a un bon visage plein, et en même temps tout ridé. Ses yeux pétillent toujours.

– Qu'est-ce qui ne va pas ? m'a-t-elle demandé en guise de bonjour.

J'ai alors réalisé qu'aujourd'hui, je n'avais sans doute pas ce sourire qui m'est d'ordinaire spontané. J'ai essayé pourtant de le faire remonter de loin, pour donner le change.

– Tout va bien, merci. Je suis juste venue vous prévenir que maman ne viendra pas travailler aujourd'hui. Elle est malade... Une grippe...

J'ai failli dire : le typhus.

Arlette a froncé les sourcils.

– Tu es sûre que ça va, ma petite Chloé ?

– Bien sûr ! C'est juste qu'elle a beaucoup de fièvre. Mais rien de grave. Elle sera vite remise sur pied, et pourra reprendre le travail d'ici... Je sais pas, demain.

– Si c'est une grippe, elle ne sera sans doute pas d'attaque demain. Il me faudrait un certificat médical avec le nombre de jours d'arrêt. Je dois prévenir là-haut, pour qu'ils envoient une remplaçante, parce que nous, on va pas s'en sortir.

Elle a ajouté, comme pour elle-même :

– La directrice va pas être contente.

Je commence à comprendre que je suis dans le pétrin. Il va falloir mettre un médecin sur le coup. Je quitte Arlette avec un sentiment de malaise. Et puis un drôle de sentiment d'injustice, que je n'ai pas compris.

J'ai eu du mal à suivre les cours, aujourd'hui. Les profs devant moi n'étaient que des ombres, et leurs paroles du coton. Les autres élèves, des fantômes. Lorsque par hasard ils s'adressaient à moi, cela me faisait mal.

J'avais une heure de permanence. Eurydice m'a proposé du bout des lèvres de l'accompagner au CDI. Elle avait à ses côtés un garçon que je ne connais pas bien, avec qui elle riait bêtement tout en me parlant. Elle sortait sans doute déjà avec lui, ou bien cela n'allait pas tarder.

– C'est ta copine, ça ? a-t-il demandé.

J'ai failli lui cracher au visage. Cela me ressemble si peu que j'ai eu peur de moi-même. J'ai juste dit que j'avais quelque chose à faire, et je suis sortie du lycée. J'ai erré un moment dans le petit jardin qui jouxte le bâtiment.

Tout en marchant, j'attendais.

Que quelqu'un vienne me parler, me prendre par le bras. Personne n'est venu. Je n'ai pas vu Mélodie, que je croise pourtant souvent dans les couloirs. Nous ne nous côtoyons pas beaucoup dans la sphère du lycée, nous avons chacune notre bulle, mais de temps à autre, tout de même, nous nous asseyons l'une à côté de l'autre pour discuter. J'aurais bien aimé, cette fois-ci. Mais je ne l'ai pas vue. Dimitri, cependant, est passé non loin avec ses copains. J'avais le regard un peu flou à cause de la fatigue, je ne sais donc pas s'il m'a vue. J'ai souhaité de toute la force de mon esprit et de mon cœur qu'il vienne près de moi. Juste qu'il marche à côté de moi. Je n'en désirais pas plus. Juste ça. Mais il n'est pas venu, alors j'ai pleuré silencieusement.

Personne n'est venu.

J'aimerais tant connaître l'amour.

Mais comment le fait-on venir à soi ?

Peut-être ne faut-il plus attendre. Plus de cette façon-là.

À toi,
Kitty

Chapitre 25
Énergies

Chère Anne,

Je n'ai pas le droit de me plaindre.

Toi, tu te plaignais si peu, Anne.

Parfois, j'ai même honte de vivre à ta place. Ai-je le droit d'aimer ?

J'ai honte aussi de faire partie de la même humanité que ceux qui t'ont tuée.

Je pense parfois que maman ressent cela vis-à-vis de papa. Se sent-elle coupable de vivre sans lui ? C'est un sentiment qui devient peut-être si insupportable, peut-être a-t-elle si honte d'être humaine parfois, qu'elle a besoin de partir d'ici, de ce lieu où elle a vécu avec lui. Peut-être que nous, Mélodie et moi, lui sommes insupportables, nous qui pourtant tentons de nous faire si petites.

Parfois, je sens qu'il me faut fuguer en esprit. D'autres fois, je ressens la nécessité d'aller jusqu'au bout de mes sentiments, même les plus violents, les plus difficiles. Mais pour cela, il me faut des biais. Un tableau, un film, un roman, une musique, une chanson. Je suis apaisée lorsque je trouve quelque chose de beaucoup plus grand que moi, qui peut m'englober. Ensuite seulement, je peux transformer le sentiment en autre chose, souvent en un texte que j'écris. Je crois que les sentiments ne se perdent jamais.

La dernière fois, en sciences physiques, le prof nous a cité cette phrase d'un scientifique : « rien ne se perd, rien ne se crée, tout se transforme ». Il parlait des énergies. Je suis persuadée que les sentiments sont des formes d'énergies. Ce seraient comme des flux qui habitent le monde, que l'on se transmet, qui nous traversent, que nous transformons sans cesse avant de les libérer.

Lorsque je suis rentrée du lycée, Mélodie était là. Elle buvait un thé en compagnie de maman, toutes deux attablées dans le salon. Nous n'avons pas de cuisine. Juste un coin, tout petit, attenant au salon et clos par un bar.

Maman avait un air absent et doux. Je lui ai fait la bise. Elle m'a caressé le bras, et avec une voix de petite fille :

– Tu vas bien, ma chérie ?

J'ai hoché la tête, mais j'avais encore envie de pleurer.

J'ai fait signe à Mélodie de me suivre dans la chambre. Mais lorsque j'y suis entrée, ç'a été comme si l'on m'avait enfoncé une aiguille dans le cœur.

– Où sont les photos de papa ?

– Je les ai rangées.

Mélodie a effleuré le sommet de la commode. Vide.

– Je ne suis pas allée au lycée, aujourd'hui.

– J'ai remarqué, ai-je répondu aigrement. Heureusement qu'il fallait faire comme d'habitude pour ne pas éveiller les soupçons !

– Je ne voulais pas laisser maman seule. Elle s'est levée pendant que je prenais mon petit déjeuner, tu étais déjà partie, et sans dire un mot elle s'est dirigée vers notre chambre. Au bout d'un moment, je me suis demandé ce qu'elle fabriquait. Je suis allée voir. Elle était assise sur mon lit, en train de regarder les photos.

Un silence s'est posé comme un tissu très fin sur l'image de maman recueillie.

– J'ai donc caché les photos, a soufflé Mélodie très doucement. Il faut qu'elle passe à autre chose.

– Je croyais que c'était fait depuis longtemps !

– Moi aussi, Chloé. Mais rends-toi à l'évidence : est-ce que maman a déjà ramené quelqu'un à la maison ? Jamais. Je suis sûre qu'elle n'a jamais eu de petit ami, depuis papa. Et là, je ne sais pas ce qui s'est passé, on ne le saura peut-être jamais, maman est si muette, mais quelque chose s'est passé. Elle a rechuté vers lui. Il faut qu'on la ramène.

– On n'est pas assez fortes.

J'avais honte de dire ça. J'en ai assez de ce sentiment de honte.

– Si, Chloé. Il le faut. Sinon, on nous séparera.

Je lui ai parlé du certificat médical. Bien entendu, Mélodie n'a pas voulu entendre parler d'un médecin. Elle a cherché dans les papiers de maman et a trouvé un ancien arrêt de travail. Quatre jours, c'était parfait. Avec du blanc, elle a effacé la date et l'a remplacée par celle d'aujourd'hui.

– J'en ferai une photocopie au lycée. On n'y verra que du feu.

Son sang-froid m'épatait.

C'est elle aussi qui a cuisiné le repas du soir. Maman est restée allongée sur le canapé. Elle regardait Mélodie.

– Merci, ma grande. Tu es tellement gentille.

Sa voix venait de tellement loin qu'un liquide glacé s'est écoulé dans ma poitrine.

À toi,
Kitty

Chapitre 26
Vie tranquille

Chère Anne,

Mélodie avait raison. Maman est revenue peu à peu.

Pour commencer, elle a dû retourner au travail après les quatre jours que nous lui avions prescrits nous-mêmes. Elle s'y rendait en funambule. Le premier jour, je l'ai accompagnée, pour être sûre que tout irait bien. Sur le chemin, elle disait :

– Chloé, file au lycée, tu vas être en retard.

– Mais non, maman, c'est mon chemin de toute façon.

Nous sommes arrivées en même temps qu'Arlette. Elles ont échangé quelques mots. Avant que je parte, la tata en chef m'a lancé un drôle de regard. Je lui en ai rendu un tout aussi drôle. Elle m'a souri, un pauvre sourire pour me dire qu'elle comprenait, le peu qu'il fallait comprendre. Elle a posé une main sur l'épaule de maman et elles ont disparu dans la cour vide d'enfants. Je me suis sentie rassurée.

Quelques jours plus tard, maman avait repris son activité de création de tableaux miroités. Puis, elle s'est remise à cuisiner. Heureusement, parce que j'en avais marre des pâtes et du riz, les seules choses que Mélodie et moi savons faire.

Un premier sourire a éclairé son visage lorsqu'un oiseau est venu se poser sur le rebord de la fenêtre.

Un premier éclat de rire nous a inondées de chaleur lorsque nous nous sommes aperçues que Mélodie avait aux pieds des chaussettes dépareillées. Une rouge et une bleue. C'était juste avant de partir au lycée. Elle était si heureuse de ce rire qu'elle s'est écriée :

– Eh bien, je les laisse comme ça !

Elle est effectivement partie au lycée avec sa chaussette rouge et sa chaussette bleue.

Au fil des jours, les éclats des miroirs de maman sont devenus plus clairs et lumineux. Avec la même fragilité qu'une des natures mortes hollandaises que maman aime tant. Elle en a deux reproductions dans sa chambre. En anglais, on ne dit pas *nature morte*, mais *still life*, qu'on peut traduire par *vie tranquille* ou *vie dormante*, ou encore *vie immobile*. Je trouve que c'est beaucoup plus juste. Rien ne paraît mort dans ces tableaux. Comment dit-on en hollandais ? Anne, toi tu le savais.

Avant la piscine, je me suis installée à mon bureau, et j'ai sorti une feuille de papier Canson. J'y ai découpé un carré de dix centimètres de côté. Sur le clavier de mon ordinateur posé à droite, j'ai tapé scarabée, dans le moteur de recherche, section images. J'ai choisi le dessin le plus simple et je me suis appliquée à le recopier. J'ai longtemps contemplé ce dessin, qui lestait le centre de moi-même.

Par bonheur, cette fois-ci, Dimitri était là, dans l'eau. J'ai souri, il a souri.

J'ai repéré son sac. Le cœur battant, j'y ai fait glisser mon scarabée, que j'avais caché dans un pli de mon drap de bain.

À toi,
Kitty

Chapitre 27
Idée de devenir

s o u

u m v

i e e u e s s

l v l m g u

e r e g e a i

m a u n v v

o v e e t d e s r

u m t s v e

a e n s a s

e s v g e g e

d u d u

e s

Chapitre 28
L'écoute des vagues

Chère Anne,

Par moments, j'ai honte de ce geste stupide et infantile : avoir glissé l'image du scarabée dans le sac de Dimitri. Pourvu qu'il ne le trouve jamais ! Ou bien, qu'il ne se souvienne pas de cet épisode de notre enfance, ainsi il ne pourra pas deviner que cela vient de moi. D'ailleurs, il ne s'en souvient certainement pas. C'est cela qui est stupide de ma part : avoir eu la présomption de penser qu'il pouvait se souvenir d'un tel détail.

Mais à d'autres moments, je me sens plutôt fière de moi.

Je ne sais pas ce qui me prend ces temps-ci.

Je fais des choses qui ne me ressemblent pas. J'ai des impulsions que je ne maîtrise pas.

Ou, au contraire : j'écoute davantage les vagues qui roulent en moi.

Par exemple, hier, chez Eurydice.

Elle m'a accueillie avec un sourire que je connais : celui de ses mauvaises blagues. Elle a soigneusement fermé la porte de sa chambre, puis m'a chuchoté, pour que ses parents n'entendent pas :

– Regarde ce que j'ai piqué dans l'armoire de ma mère.

Elle a sorti du tiroir de son bureau une étoffe soyeuse qu'elle a dépliée devant elle.

– Ça s'appelle une nuisette. Je ne crois pas que ma mère mette ça pour dormir, parce que le matin au petit déjeuner elle est toujours dans son bon gros pyjama tout moche !

Elle a éclaté de son rire étrangement forcé.

J'attendais de savoir où elle voulait en venir. Une lueur a éclairé son regard.

– Enfile-la !

Je n'ai rien répondu. Je trouvais ce vêtement joli : noir et moiré. J'avais envie de le sentir glisser sur ma peau. Mais je ne voulais pas l'essayer devant Eurydice.

– Allez quoi, t'es con, c'est pour rigoler, a-t-elle insisté. On s'emmerde tellement, sinon.

Elle s'est approchée de moi et a commencé à déboutonner ma chemise.

– Laisse-moi ! ai-je crié. Ça va, je vais le faire moi-même.

Elle s'est assise sur le lit et m'a regardée enlever tous mes vêtements, sauf la culotte.

– T'es pas mal foutue, a-t-elle déclaré. Vas-y, mets-la.

Le tissu était frais. Il a épousé mes formes. Eurydice a sifflé, puis a ouvert la porte de son placard, où était fixé un large miroir. Je m'y suis regardée.

C'était moi et pas moi. Mais j'étais jolie. Incontestablement. J'ai perçu le raidissement d'Eurydice. Elle était désagréablement surprise. Elle comptait me ridiculiser. Elle était certaine que j'aurais l'air d'un clown, là-dedans. Or, je rayonnais.

– T'es pas cap de sortir dans cette tenue, a-t-elle tenté dans un sifflement.

– Ah non, je suis pas cap !

Je me suis penchée pour ramasser mes vêtements. Elle m'a arrêtée en me prenant le bras.

– Allez, ce sera drôle. Chiche on le fait.

– Mais t'es complètement malade. D'abord, il fait froid. Ensuite, on va se faire arrêter par les flics dès les premiers mètres.

– Ou bien tu te fais violer, une chance pour toi !

Elle riait. Je n'ai pas bougé. D'habitude, je laisse glisser ses méchancetés sur moi. Mais cette fois, j'ai demandé :

– Qu'est-ce que tu veux dire ?

– Oh, rien !

Elle s'est mise à pouffer en me tournant le dos. Elle est tout à fait capable de faire ce genre de choses en présence d'autres personnes. Cela lui est arrivé plusieurs fois. Ce qui me semble toujours incroyable, c'est que les autres, en général, jouent son jeu. Ils pouffent avec elle, d'un air plus ou moins gêné, mais ils pouffent. Elle a ce pouvoir-là.

Cette fois, il n'y avait personne, qu'elle et moi. Pourquoi est-ce à ce moment-là, et pas avant, que cela m'a semblé insupportable ? Je l'ignore.

Ce qui est aussi très étrange, c'est que j'ai pensé au scarabée. Oui, à cet instant j'y ai pensé. J'ai enfilé mon jean et ma chemise par-dessus la nuisette. J'ai remis mon manteau, dans la poche duquel j'ai fourré mon soutien-gorge. Et sans un mot, devant Eurydice ébahie, j'ai ouvert la porte. Sa mère était là, dans le salon, en train de repasser. Pour la première fois, j'ai remarqué combien son visage était marqué par la mélancolie.

J'ai alors réalisé que, chez Eurydice, on n'entendait jamais d'éclats de rire comme chez moi. Jamais de musique. Jamais rien ne s'y passait d'autre que le silence. Je me suis retournée un bref instant. J'ai regardé celle qui aurait pu être mon amie, mais qui est toujours restée à côté de ce que je suis vraiment. Moi non plus, je n'ai jamais vraiment su qui elle était. Mais, ce que j'ai toujours su, c'est que la plus seule des deux n'était pas celle que tout le monde croyait.

– Au revoir madame, ai-je lancé.

– Au revoir, Chloé.

Et derrière moi, Eurydice n'osait pas me demander de rendre la nuisette. Elle avait la bouche ouverte.

– Mais attends...

J'ai ressenti une dernière pointe d'amitié. Mais peut-être qu'il s'agissait d'autre chose.

Puis j'ai croisé son regard.

Je suis sortie de cette maison, sachant que jamais je n'y remettrais les pieds.

À toi,
Kitty

AVRIL

Chapitre 29
Idée de devenir

Anne, tu es morte dans le camp de Bergen-Belsen.

Un mois avant sa libération. Cette durée, un mois, paraît dérisoire en regard de ces deux années où tu t'es cachée, mais surtout face à ces six mois que tu as vécus au sein de l'horreur.

Le temps ne signifie rien.

Ces six mois paraissent une éternité.

Ce mois qui suit semble si court...

Bergen-Belsen était un camp de concentration situé entre Hambourg et Hanovre, dans le nord de l'Allemagne. On y enfermait des gens « gênants » pour le pouvoir nazi. Je ne vois pas en quoi tu pouvais gêner quoi ou qui que ce soit, Anne...

Il existait des camps d'extermination dont le but était de tuer, méthodiquement, tous ceux qu'on y amenait. Des chambres à gaz y fonctionnaient en continu. Mais dans les camps de concentration, énormément de gens finissaient par mourir aussi, de privations, de désespoir.

Il m'est difficile de penser à tout cela.

Cela me plonge dans un trouble profond.

Je regarde ces photos de cadavres dans les allées des camps, dans les fosses communes. Ces amas. À cause de l'épidémie de typhus, le camp entier a dû être détruit au lance-flammes. Ces photographies s'accompagnent d'un hurlement silencieux du monde tout autour de nous.

Des humains ont voulu exterminer d'autres humains. Ils l'ont fait.

Alors que les feuilles des marronniers, et la pelouse sous les barbelés étaient riants de verdure, ils l'ont fait. Sur Internet, j'ai cherché et j'ai trouvé : depuis, au Tibet, en Chine, au Cambodge, au Soudan, au Congo, en Palestine, en Corée, au Guatemala, en Algérie, au Viet Nam, en Indonésie, au Liban, en Syrie, en Inde, en Irak, en Azerbaïdjan, au Mexique, en Australie, en Colombie, au Nigéria, en Arabie Saoudite, en Ossétie du Sud… Et sans doute n'ai-je pas tout trouvé... Depuis, d'autres massacres d'humains ont eu lieu.

Avant, il y en a eu beaucoup, aussi, dans divers endroits du globe. Cela signifie qu'il n'y a pas d'enseignement de l'histoire. Sans cesse, les humains s'entretuent.

En ce moment, quelque part.

Plus tard, on ne sait encore où.

Un jour de ma vie, peut-être qu'en ce pays on décidera que ma couleur de peau, ou de cheveux ou d'yeux, n'est pas acceptable. Ou alors on condamnera ma façon de parler. Ou ma façon de penser. Ou encore d'écrire. Ce que je lis. Ce en quoi je crois. Ou ne crois pas. Ma démarche ? Mon prénom. Mon nom. Le nombre de mes dents. Leur emplacement. La mesure de l'espacement entre mes deux yeux. Entre mon nez et ma bouche. D'une oreille à l'autre. Ma taille. Mon poids. Qui j'ai aimé. Qui j'aime. Qui je ne dois plus aimer. Où j'ai vécu. Ce qui se trouve dans ma poubelle. Les sites Internet que j'ai visités. Ce que je possède. Ce que je ne possède pas. Le lieu où je suis née. La date. La saison. L'heure. L'empreinte de mes doigts. Des orteils. Ma séquence ADN...

Cela peut arriver. Même si les fleurs de

maman, ici, continuent à fleurir, à chatoyer, cela peut arriver. La seule chose à laquelle je puisse veiller, c'est ne pas être parmi ceux qui décideront cela, ou qui obéiront à cela.

Je dois aussi agrandir mon regard. Voir ce qui se passe de similaire non loin de moi. C'est plus facile de discerner les injustices humaines du passé, puisqu'elles sont déjà condamnées. C'est dans le présent qu'il faut avoir le courage de refuser ce qui arrive.

Je perçois des choses, je vois ce qui est anormal dans cette société.

Mais je ne sais pas encore quoi faire.

Ou si j'en suis capable.

Écrire est ma seule arme.

Ma seule défense, aussi.

Chapitre 30
Rencontres

Chère Anne,

Maman a fini par tenir sa promesse de nous amener au nouveau musée de M.

Dans les musées, je me sens toujours comme en état second. Tant de beauté m'entoure que je ne sais plus où donner de la tête. Alors souvent je me cogne aux parois, aux autres gens, ou bien je ne suis pas la bonne direction. Constamment, j'entends :

– Non, mademoiselle, vous ne pouvez pas, par là.

Ce musée-là est très grand, et les expositions y sont splendides. On y trouve des chefs-d'œuvre de toutes les époques, et de nombreux pays. Maman et Mélodie s'arrêtaient assez méthodiquement devant chaque tableau, mais il y en avait tellement ! Et puis je ne les trouvais pas tous intéressants. Alors je me suis lassée, et je suis allée errer sans elles dans les autres salles.

J'ai toujours été intriguée par ces hommes et ces femmes qui surveillent et protègent les salles des musées. Ils passent des heures devant les tableaux, à renseigner ou à laisser les gens passer et admirer. En général, ils ne regardent plus les chefs-d'œuvre accrochés aux murs. Ils les connaissent sans doute par cœur.

Mais cette fois-ci, j'ai vu l'un de ces hommes en uniforme gris planté devant un tableau. C'est moi qui l'ai repéré, celui dont je sais maintenant qu'il se nomme Hyacinthe. C'était une salle spécialement consacrée à des œuvres de Pablo Picasso, empruntées à différents autres musées, ou à des collections privées.

Hyacinthe se tenait devant *La femme qui pleure*, absorbé. Le tableau représente une femme que Pablo Picasso a aimé : Dora Maar. Elle était aussi peintre et photographe.

Est-ce l'homme ou le tableau qui m'ont plu ? Je pense que c'est la conjonction des deux, l'un en face de l'autre. Une lumière se distribuait de l'un à l'autre.

C'est drôle d'entendre sa voix dans le salon,

ce soir. D'entendre le petit Antoine parler à maman. Je vais bientôt les rejoindre. J'écris juste ces quelques lignes pour parler de ma joie d'avoir reconnu quelqu'un que je n'avais jamais vu auparavant. Comme j'ai reconnu Dimitri, lorsque j'étais toute petite.

Je peux imaginer ce que seront les pensées de Hyacinthe, demain, devant ce même tableau. Je peux l'inventer sans craindre d'être trop loin de la vérité. Comme avec maman, je peux inventer ses pensées. Certaines personnes ont ce pouvoir : entrer en moi.

Il pensera, Hyacinthe, que l'on ne sait pas ce qui nous tuera.

Mais lorsque nous serons tués, nous ne pourrons plus rapporter d'histoires. Il faut être vivant pour écrire sur les corps morts du monde et de l'amour. Et contempler la beauté. C'est à cela que pensera Hyacinthe, demain, debout dans une allée déserte, bras croisés, en uniforme. Une fenêtre à sa droite, longue et fine, découpera un rayon de soleil, infime et vain, tombant en flaque sur le parquet. Une flaque très précise et délimitée. Elle ne touchera pas Hyacinthe, dans l'ombre. Il ne recherchera pas la lumière. Pas forcément. En tout cas pas ce rectangle de soleil sur le sol. Trop évident, infime et vain.

Hyacinthe préférera tourner son visage vers le tableau, celui qu'il aura choisi ce jour-là.

Il restera là de longues heures, cherchant à traquer sa vérité, la signification qu'il voudra bien lui assigner. Ou peut-être pas. L'important sera la vague d'émotions qui le submergera. Il sera heureux d'être submergé. Ce sera fantastique d'évoluer au fin fond des abysses, dans ce monde qui mimera le silence, vaste espace d'ondes noires et lentes, d'éclairs fugaces et inattendus issus du regard de monstres indécis. Hyacinthe appellera les abysses de ses vœux, il souhaitera parfois quitter ce monde abrutissant qu'il ne comprend guère.

Peut-être que quelqu'un approchera, dans cette allée déserte. Il sera alors saisi par l'immobilité de cet homme. Il ne pourra s'empêcher de l'observer, comme je l'ai fait hier. Il sera étonné de ne pouvoir décider qui de l'homme ou du tableau se mire dans l'autre. Étonné de constater que, bien qu'immobile, cet être est mouvant. Les contours de sa silhouette, les traits de son visage, sembleront aussi flous que les regards brillants des monstres marins. On lui cherchera des ouïes, des nageoires sous les tissus, des filaments issus de son dos. On s'attendra à ce qu'il plonge, soudain, dans la toile rendue liquide par son propre regard. Lui seul serait capable de rendre leur texture aux couleurs jetées sur le tableau devant lui, qui le regardera comme je l'ai regardé, comme le regardera quiconque sera là aussi.

C'est ainsi que l'interrogera Dora Maar.

Dora Maar en pleurs, c'est le tableau qu'il choisira encore demain. Chaque jour un tableau, c'est sa façon de plonger au fin fond des océans de la vie, tout en restant à la surface. Il garde l'horizon en vaguelettes à la lisière de ses yeux, il y veille, il peut y advenir quelque danger, pour les quelques êtres qu'il aime, juchés sur des rochers émergeant ça et là. Il faut veiller pour ça, pour eux. Dora Maar en larmes semblera implorer : qui sont-ils, sur les rochers ? Il parlera peut-être de ses parents, puis, très vite, un sourire aux lèvres :

Regarde-le sautiller, celui-là, il plongerait s'il ne craignait les monstres. C'est Antoine, mon tout-petit. Je ne vis plus avec sa mère. Elle n'est plus vraiment sur les rochers, c'est ainsi, on ne peut rien à ce genre de choses. On ne sait pas vraiment pourquoi c'est telle ou telle personne qui soudain souffle sur les vaguelettes et déplie mon âme froissée. Ou pourquoi peu à peu ce n'est plus elle. Antoine ? Il a 9 ans, oui, il est beau, et émouvant, si émouvant, heureusement beaucoup moins mouvant que moi.

Et là-bas, tout là-bas sur ce rocher lointain ? Tu as remarqué toi aussi son air perdu ? C'est qu'elle n'est pas là depuis longtemps. Elle se demande ce qu'elle fait sur ce rocher au milieu de rien, elle se demande pourquoi elle ne voit que l'horizon à la lisière de mes yeux. Elle, tu vois, je l'ai rencontrée hier. Elle ne sait pas encore qu'elle a pris place sur ce rocher. Elle ne sait pas encore que c'est aussi pour elle que tu pleures, Dora. Il va bien falloir que je le lui dise d'une manière ou d'une autre. Il va falloir que je lui dise : j'ai donné quelques larmes de Dora à ton âme. Je sais peu de choses sur elle. Elle s'appelle Aude. C'est d'abord sa fille, Chloé, qui l'a menée presque de force devant toi, Dora. Elle a une autre fille, plus grande. Mélodie, s'est-elle présentée ? C'est que nous avons tout de suite engagé la conversation, devant toi, Dora. Cela semblait si naturel. J'avais tant à dire que je me suis surpris à souhaiter la revoir. Et tout naturellement, elle m'a invitée chez elle. J'ai dit que j'aurais Antoine avec moi. Elle a dit aucun problème. Lorsque j'ai émis le souhait de revoir Aude, une joie s'est étendue sur le visage de sa plus jeune fille, comme si c'était elle qui m'avait choisi.

Voici ce qui se passera demain devant *La femme qui pleure* de Picasso.

Voici ce qui arrive lorsque j'écoute les vagues qui roulent en moi.

À toi,
Kitty

Chapitre 31
Rêve

Vous êtes toutes là. Vous avez toutes quinze ans.

Anne, Camille et toi aussi, Dora. Je suis là aussi, avec vous. Nous sommes assises au centre d'une salle de musée où ne sont exposées que les œuvres que nous aimons, ainsi que celles que vous avez créées. Des peintures, des sculptures, des textes, des photographies.

Je vous regarde, vous êtes magnifiques. On se reconnaît, les unes et les autres, la flamme en est visible. Chacune de nous connaît le destin de l'autre, mais pas le sien propre. Nous nous levons, nous nous promenons dans cette salle. De temps à autre nous effleurons ta main, Anne. Parfois, un baiser nous échappe, se pose sur ta joue. Tu parais étonnée.

Toutes, nous sommes heureuses. Nous savons que nous avons trouvé ce pouvoir-là. Il nous arrivera de le perdre. Il flotte là, devant nous, mais parfois il se fera insaisissable, indépendamment de notre volonté.

Soudain, après avoir croisé Anne une nouvelle fois, je pèse trois tonnes brûlantes. Je me traîne avec quatre boulets aux poignets et chevilles, et un autre attaché au cou, je me lève avec toute la peine de la presque morte pour ramper devant les tableaux. Les pigments ont sans doute séjourné dans les vases des éplorées, mais ce sont des êtres vivants qui les ont écrasés et dispersés sur la toile. Je m'arrête devant les plus sombres. Il me faut du temps pour discerner les taches claires. Ce sont des corps nus. Ai-je marché d'un tableau à l'autre ou m'a-t-on portée ? Sans doute ai-je glissé. Vertiges constants. Fatigue, fatigue, fatigue. Mais je me trouve soudain devant une grande peinture.

Je suis ces formes d'éponge disséminées régulièrement sur la toile immense. Elle flotte. Puis l'illumination : non, je suis l'espace entre chacune d'elles.

Je m'endors.

Je me réveille sur une plage lumineuse et déserte. J'en compte chaque grain de sable. J'y enfouis ma main, je m'attends avec calme à ne plus jamais la revoir. Mais je réalise que je ne pourrais plus jamais écrire si c'était le cas, et la retire brutalement. Je me lève, puis cours.

Vers vous ? Vers vous. Il faut dire que vos regards s'attardent. Je ne sais pas si vous vous rendez compte de ce que vous attendez. J'ai toujours la prétention de le savoir sans pour autant pouvoir l'exprimer. Alors je vous regarde aussi, peut-être savez-vous mieux lire que moi. Nous serions comme des arbres, des pommiers par exemple, qui font danser leurs fruits les uns vers les autres, sans approcher les troncs, et pour cause : nous sommes enracinés. Nous ne pouvons qu'écouter les musiques, regarder les vases pleurer. Parfois ils seraient si pleins qu'ils exploseraient. Les bouts de verre nous blesseraient, se ficheraient violemment dans nos fruits, mais se déverserait aussi ce sable coloré qui se poserait sur nos feuilles, dans les ridules de nos écorces. De la même couleur nous nous reconnaîtrions, et peut-être aurions-nous la force d'extirper l'une de nos racines de terre pour l'enlacer avec une autre.

Peut-être apprendrions-nous à marcher. Nous nous promènerions ainsi dans les lits des ruisseaux. Nous regarderions l'eau couler de vasque en vasque. Ce serait si beau, si beau que nous trébucherions, tomberions, et l'on sait ce que sont ces troncs d'arbre qui flottent au gré des fleuves : les jouets des enfants.

Quel âge avons-nous déjà ? Oh déjà ? Oh si peu ? Observons une section de corps humain et comptons-en les cernes de croissance. Même chose avec une section de planète terre. Puis avec celle d'un ver de terre. C'est ce dernier le plus vieux, et le plus sage aussi.

J'observe un portique shinto sur l'île de Kyushu et il me nargue comme un lombric. Je marche sur l'eau qui l'entoure d'ondes immobiles, oui, oui parfois j'y arrive. Je suis là au milieu – image en noir et blanc sur l'écran de nos nuits noires. Regardez-moi disparaître peu à peu derrière des nappes de brouillard.

Ensuite il y a les étoiles filantes, comme en été. Mais étonnamment peu cette fois-ci. Où sont-elles dans ce ciel où pourtant la voie lactée s'étend avec impudeur ? Peut-être ne sommes-nous pas devant la bonne section de nappe sombre. Peut-être pas dans le bon espace-temps.

Alors nous parlons, puisque les astres ne veulent pas s'immiscer. Nous parlons de ce qui nous lie et nous délie. Nous n'oublions pas que nous avons été enfants. Ou peut-être pommiers.

Enfance il y eut mais il est impossible de se souvenir quand elle a commencé et où elle a fini. Peut-être court-elle toujours, poursuivie par les pires tueurs à gage. Souvenons-nous du temps où nous n'étions qu'un mince arbuste.

Ici ce n'est que l'enfance des pommiers qui dansent sur de la musique classique. On fait ce qu'on veut. Je sais marcher sur l'eau, ainsi que rouler comme une pomme lancée du haut d'une cascade.

Chapitre 32
Sourires

Chère Anne,

Je rêve que je trouverais dans mon sac d'école, un soir, le dessin de mon scarabée, colorié avec soin. Il serait paré de la même dorure que celui de notre enfance. Dimitri aurait trouvé les couleurs de nos souvenirs et de notre amour passé ainsi qu'à venir.

Mais cela fait une semaine, et toujours rien.

Je n'ai pas réussi à accrocher un de ses regards dans les couloirs du lycée.

Une autre fille lui aurait laissé son numéro de téléphone. Ç'aurait été plus malin. Mais plus angoissant, aussi.

Les regards d'Eurydice, cependant, sont noirs de mépris. Elle siffle le mot « voleuse » sur mon passage, suivie par sa cour. C'est difficile, mais je tente de ne pas en être atteinte. Je ne rendrai pas la nuisette. Il s'agit de mon butin. On dirait que je serais une pirate, depuis quelques jours.

Hier soir, Hyacinthe et maman ont encore discuté longtemps. Antoine, petit garçon au visage lunaire et aux profonds yeux bruns, s'est endormi sur le canapé. Il me semble que ces deux solitaires se sont raconté leur vie en deux phrases à peine, chacun. Ensuite ils ont parlé de nombreuses autres choses, aériennes et gaies.

Hyacinthe a semblé très intéressé par les créations miroitées de maman. Il en a saisi une qui traînait sur le guéridon, juste terminée, et l'a tendue devant lui. Il a tenté d'y percevoir son reflet puis a émis un petit rire.

– Cela ressemble à du Picasso, a-t-il dit.

J'ai soudain compris pourquoi cet homme absorbé par *La femme qui pleure* m'a paru d'emblée fait pour maman. J'ai esquissé un sourire, puis j'en ai cherché le reflet sur le visage de Mélodie. Mais elle n'était plus là. Je l'ai trouvée dans la chambre. Elle était en train de replacer toutes les photos de papa sur la commode.

– Qu'est-ce que tu fais ? ai-je demandé bêtement.

– Pourquoi est-il là ? a répliqué Mélodie. Qu'est-ce qui lui prend, à maman ? Pas un homme n'a mis les pieds ici depuis des années, et soudain celui-là dont on ne sait rien, qu'on n'a rencontré que cet après-midi ! Avec son mioche, en plus.

Je n'ai rien répondu. Je l'ai regardée replacer chaque cadre avec soin. Une fois posé, elle le déplaçait légèrement, comme pour trouver l'endroit qui lui serait assigné. Parfois, l'un d'eux tombait, face contre meuble. Calmement, elle le redressait.

– Tu as vu, elle souriait, ai-je tenté.

Mais c'était un autre sourire qui l'intéressait. Celui échangé sur la photo où elle mange papa du regard. Elle devait avoir trois ans. C'était il y a une éternité. Malgré la preuve photographique, cela a-t-il bien eu lieu ?

À toi,
Kitty

Chapitre 33
Sur le toit

Chère Anne,

Maman avait sa voix douce, lorsqu'elle a dit :

– Chloé, la mère d'Eurydice m'a appelée.

Elle hausse rarement la voix. Moi, j'étais en train de réviser un cours d'histoire.

– Elle dit que tu lui as volé un vêtement.

Je n'ai pas pu retenir un hoquet de mépris. Je tenais Eurydice en plus haute estime.

– Maman, ai-je répondu. Ce n'est pas un vol. Je l'ai pris parce que... C'était normal que je le prenne. Il me revenait.

Bien entendu, maman n'a pas vraiment compris. Mais j'aime la confiance qu'elle place en moi. Elle m'a demandé de lui montrer de quoi il s'agissait. J'ai sorti d'un tiroir le tissu soyeux.

– Une nuisette ! s'est-elle exclamée. Chloé...

– Elle est à moi. Elle est pour moi.

Maman m'a regardée longuement.

– Mais c'est à la mère d'Eurydice. Et sans doute que ça coûte cher. Je t'en offrirai une, si ça te fait envie.

– Non. J'ai le droit de garder celle-ci. Je le sais, maman. Je t'assure que je le sais, j'en ai le droit.

Je n'avais pas envie de tout lui expliquer. Mais j'essayais de faire passer par mon regard et tout mon corps la légitimité de mon geste.

– Quelque chose m'échappe, a-t-elle murmuré. Mais je sais bien que tu n'as pas l'habitude de voler. Ce n'est pas une habitude, n'est-ce pas ?

– Je te promets que non. C'est la première fois. Et en plus, ce n'est pas un vol.

– Qu'est-ce que je lui dis, moi, à la mère d'Eurydice ?

– Que sa fille ment.

Maman est restée perplexe un bref instant, puis elle a tourné le regard vers la commode remplie de photos. Un voile a troublé son visage, puis elle est sortie de la chambre.

La nuisette était à moi.

Hyacinthe est revenu plusieurs fois. Ou bien, c'est maman qui sortait. Elle nous a proposé, une fois, de venir avec elle chez lui, mais Mélodie a refusé.

– C'est un ami, a dit maman.

– Juste un ami ? a demandé Mélodie.

– Juste un ami.

Mais cela n'a rien changé à son refus buté. Je ne comprends pas que Mélodie ne partage pas la joie de voir maman heureuse.

Un soir, je suis rentrée du lycée à une heure où d'habitude Mélodie est là. Mais je ne l'ai trouvée nulle part dans l'appartement. Parfois, je m'inquiète pour peu de choses. Je n'ai pas attendu très longtemps avant de, pour une fois, utiliser mon téléphone.

– T'inquiète ! m'a-t-elle répondu. Je suis pas très loin. Sur la terrasse de l'immeuble...

J'étais étonnée. Ça nous arrive d'y aller, mais plutôt en été, pour bronzer un peu, et pas très souvent parce qu'on ne sait pas si on en a vraiment le droit. Ce n'est pas une véritable terrasse, c'est juste la partie bétonnée du toit. On y accède par une échelle qu'il faut déplier, juste devant notre porte, puisqu'on est au dernier étage. Une trappe s'ouvre facilement, en faisant jouer un loquet. J'ai enfilé mon manteau et j'ai rejoint Mélodie. Elle était assise, recroquevillée dans une couverture, admirant le soleil couchant sur les toits de la ville. Je me suis installée à côté d'elle. Elle m'a tendu un bout de la couverture, que j'ai posée sur mes épaules. En silence, on a tenu compagnie aux antennes, cheminées, tuiles, nuages, oiseaux et chats qui passaient. Tous étaient teintés de reflets ocres.

À toi,
Kitty

Chapitre 34
Vacillement

Chère Anne,

Mélodie a encore refusé, mais moi j'en avais trop envie, alors j'ai accompagné maman, Hyacinthe et Antoine au Mac Do.

– Au Mac Do ! s'est moquée Mélodie. C'est pour les beaufs, et en plus c'est de la mauvaise bouffe américaine ! De toute façon, j'ai trop de travail.

Maman a haussé les épaules, et nous sommes sorties gaiement.

Je n'ai jamais vu maman aussi rayonnante. J'entends l'un de ses rires pour la première fois. Ce n'est pas le même rire qu'avec nous, ses filles. Maman révèle une autre facette d'elle-même. Je me demande si je me découvrirais un autre rire avec Dimitri. D'autres expressions ?

J'apprends à connaître à la fois Hyacinthe et son fils Antoine. Je crois que je commence à les aimer beaucoup. Ils sont gais et profonds à la fois. Avec eux, tout est toujours joyeux. Nous avons beaucoup ri au fast-food, à faire les imbéciles avec les pailles, comme dans les publicités idiotes. Parfois, ça fait du bien de ressembler au bonheur de la télévision. Antoine a posé la serviette sur sa tête et planté les pailles dans son nez, en faisant de drôles de bruits. C'était bon de partager les éclats de rire de maman. À un moment, j'ai vu Hyacinthe, sous la table, serrer fort la main de maman.

Une émotion bizarre m'a envahie. C'était de la joie, mêlée à de l'envie. Moi aussi, je désire qu'on me prenne ainsi la main.

Puis nous nous sommes promenés. Nous avons visité les cryptes d'une abbaye. C'était sombre, ocre, et recueilli. Tous les quatre, nous nous sommes suivis silencieusement entre ces murs de pierre épaisse et ancestrale, ces tombeaux souterrains, cachés comme nos sentiments. Un lien nous entourait de rubans invisibles. Je me sentais secrètement bien.

Lorsque Hyacinthe et Antoine nous ont raccompagnés à la maison, il faisait déjà nuit.

Maman les a invités à dîner, et ils ont accepté.

Mais dans l'appartement, Mélodie était introuvable. Soudain, j'ai eu peur, et je me suis précipitée sur le toit.

Elle était là, debout, perchée sur le rebord du toit. Les pointes de ses chaussures tutoyaient le vide. Entre béton et néant, entre chat et volatile, je tissais en pensée une toile qui la retenait. Malgré ce réflexe de protection imaginaire, la voir ainsi a provoqué une vague de nausée en moi, contre laquelle j'ai dû lutter. Mélodie tenait à la main le cadre avec une photo de papa, celle où elle a son sourire de trois ans. Je réalisai d'un seul coup que je ne connaissais pas son sourire de dix-sept ans.

– Mélodie...

Pas de réponse. Mais un cri étouffé derrière moi. Maman et Hyacinthe m'avaient suivie. J'ai su ensuite que Hyacinthe avait ordonné à Antoine de rester dans l'appartement. Durant tout ce temps-là, il regardait tranquillement la télévision. Maman tenait sa main devant sa bouche. Elle s'est mise à trembler tant qu'elle est tombée sur les genoux, près d'une antenne parabolique. Hyacinthe s'est approché, mais a trébuché contre une irrégularité du sol.

– Qu'il reste où il est ! s'écria Mélodie.

Il s'est figé. Moi, j'ai avancé, et lui ai demandé doucement :

– Qu'est-ce que tu fais, Mélodie ?

– Tu es toujours tellement gaie, toi ! s'est-elle exclamée.

Cela m'a fait l'effet d'une gifle. Elle continuait :

– Quoi qu'il t'arrive, tu n'as jamais l'air abattu. Je ne suis pas aussi forte, moi.

Je tombais des nues.

– Tu plaisantes ! Tu as toujours été bien plus forte que moi. C'est toujours toi qui prends toutes les décisions, qui sais quoi faire, et qui le fais bien.

– Et quand je ne peux rien faire, qu'est-ce que je deviens ? Toi, tu te laisses porter, tu t'adaptes à tout ce qui vient. Je crois que tu ne souffres jamais. Peut-être que tu n'as pas de cœur. Je ne suis pas comme toi. Je souffre. Je souffre tellement !

J'avais envie de pleurer. J'ignorais tant de choses ! Mais le plus important, c'était qu'elle recule d'un pas. Maman pleurait silencieusement. J'avais envie de lui lancer : respire ! Mais il y avait plus urgent. Hyacinthe me regardait. Tout ce qu'il attendait venait de moi.

Quelque chose m'a alors sauté aux yeux. La plus forte des trois, c'était moi.

C'est moi. Je croyais que mon hypersensibilité me rendait fragile, et c'est tout le contraire. Cela en vient à ce point de paradoxe que je peux paraître insensible ! Tant de choses à comprendre encore, à analyser, à digérer. Mais là, je devais accuser le choc et sauver la situation.

Le ciel s'obscurcissait. L'étoile du berger était déjà visible dans un trou nuageux. Mélodie vacillait dangereusement. J'ai failli lui hurler de cesser le balancement de ses bras, mais un instinct m'a fait murmurer :

– Mélodie, j'ai besoin de toi.

Le vacillement a cessé. Elle m'écoutait.

– Je souffre aussi. Peut-être pas comme toi, mais je souffre aussi. Tu n'es pas seule.

J'ai senti un poids tomber de ses épaules. J'ai presque craint qu'elle s'envole soudain.

J'ai pensé à toi, Anne. Non, je ne souffre pas comme Mélodie. Je ne souffre pas du manque de papa, mais du manque de tous ceux qui manquent. Tous ceux qui devraient être là. J'ai pensé à ton visage de femme ridée, Anne. Tu serais bien vieille, mais tu serais là. Tu aurais laissé une œuvre remarquable. C'est une souffrance qui ressemble à l'amour, ou bien c'est de l'amour qui ressemble à de la souffrance. Une brûlure, qui donne aussi bien envie de mourir que de vivre. Les deux s'en trouvent étroitement liés. Ils n'ont plus alors cette importance qu'on leur accorde d'ordinaire. À ce point de paradoxe, la vie soudain acquiert toute sa force, et la douleur se transforme en joie.

Joie de voir Mélodie attraper ma main, puis descendre précautionneusement du rebord. Un soupir de soulagement nous a échappé. Des larmes coulaient sur les joues de Mélodie. Les doigts de son autre main étaient rouges de trop serrer le cadre. Hyacinthe et maman nous ont regardées passer en silence, et disparaître derrière la trappe.

Durant la nuit, alors que tout le monde dormait d'un sommeil profond, en pleine chute émotive, je suis revenue là, sur le toit. Seulement vêtue de ma nuisette moirée, qui se confondait avec la nuit. Le froid piquait ma peau sans m'atteindre pour autant. Je me sentais l'égale des étoiles.

À toi,
Kitty

Chapitre 35
L'art de la fugue

Chère Anne,

Je ne pouvais plus attendre.

Aucun signe de scarabée. Pas un seul battement d'ailes.

Et à la piscine, plus de Dimitri.

Je ne pouvais plus attendre, car demain j'aurai quinze ans, un mois et vingt jours. Après cet anniversaire, j'aurai l'âge auquel tu as écrit ta dernière lettre, Anne. Quelque chose de moi finira demain. J'ai longtemps cru que ce serait moi tout entière. J'ai pensé moi aussi m'envoler avec les étoiles et ainsi occuper l'esprit de maman, si aérien. Moi aussi, j'ai pensé enjamber la bordure du toit. Mais j'y pensais comme on rêve, ou bien comme on fugue. Mélodie, elle, avait dépassé cet art de la fugue, au point de ne plus trouver de fuite possible. Nous n'avons rien vu, ni maman ni moi. Maman encore moins que moi. Elle sait si bien fuguer ! Mais avec Hyacinthe qui la retient au sol, et après le geste de Mélodie, elle a compris, je crois, que sa propre fugue ne devait pas entraver celle des autres. C'est ce qu'on dit d'ordinaire pour la liberté. Mais il ne s'agit sans doute pas d'autre chose.

Quoi qu'il en soit, tout le monde fait très attention à Mélodie, maintenant. Maman plus que les autres, et je pense que c'était ce que désirait provoquer ma sœur par son geste. Depuis, je la vois de façon différente. Le lien entre nous se modifie, devient plus complexe, mais n'est pas moins fort. C'est peut-être surtout l'image de moi-même qui a changé. Et du même coup, ma façon d'être avec les autres.

Je ne pouvais plus attendre, alors je suis allée trouver Dimitri. Oui, j'ai fait cela. Une pirate, je te dis.

J'ai attendu le bon moment, au lycée, aujourd'hui. Ma chance : il est suffisamment solitaire pour ne pas être constamment entouré de copains. Je l'ai repéré dans l'un de ces couloirs ligneux, ponctués de portes toutes semblables, d'un bleu métallique, portant un numéro. Je l'ai suivi, évitant les autres lycéens comme s'il s'agissait d'algues mouvantes dans une eau limpide. Chaque son me parvenait étouffé. Il est sorti du hall ; dehors, il faisait froid, mais le soleil brillait. Encore des algues, des poissons, alentour. Il a contourné la verrière pour se diriger vers le complexe sportif. Il a jeté sa besace contre le mur du gymnase, s'y est adossé, s'est laissé glisser et s'est assis dans l'herbe, poignets posés sur les genoux repliés. Il m'a vue, alors. J'ai eu un moment d'hésitation, puis j'ai rassemblé toutes mes forces. Je me suis approchée, et sans même lui demander, je me suis assise à ses côtés. Le crépi s'est accroché à mon manteau.

– Salut, ai-je dit.

– Salut.

J'ai laissé passer un silence embarrassé, puis j'ai poursuivi :

– Ça fait longtemps qu'on ne s'est pas parlé, pas vrai ?

– Si.

Il a souri. Un sourire qui a fait fondre mon cœur à la façon d'une guimauve. Cela m'a donné du courage. C'est lui, pourtant, qui a repris :

– C'est toi, le scarabée ?

J'ai rougi, j'en suis sûre. Il devait sans doute me prendre pour une demeurée. Dix ans d'âge mental. Eh bien oui, nous avions dix ans... J'ai hoché la tête.

– Je m'en doutais. Mais je t'avoue que... Enfin, je ne vois pas ce que...

– Tu ne te souviens pas ?

Il a hoché la tête à son tour, mais dans l'autre sens. Une immense déception m'a envahie jusqu'aux orteils, jusqu'à la racine des cheveux.

– En tout cas, il était bien dessiné. Mais je ne savais pas ce que je devais en faire, et comment te répondre.

J'ignorais quoi dire, terrassée par la honte.

– Ce dont je me souviens, a-t-il continué, c'est qu'on s'aimait vraiment beaucoup, quand on était petits.

J'ai levé vers lui un visage sans doute empli d'un espoir insensé. Il s'est empressé d'ajouter :

– Ça ne veut pas dire qu'on s'aimerait autant aujourd'hui, tu sais. On a changé...

Je n'ai pas osé lui expliquer que je savais reconnaître les gens. Je reconnais ceux dont les gestes, les regards, la voix, les paroles, les molécules qu'ils font danser autour d'eux créent un paysage où je puis me lover. Et lui, je l'ai reconnu.

À dix ans, comme à quinze ans. Je n'ai pu que lui sourire.

– Tu souris tout le temps, murmura-t-il. C'est très beau.

Il a saisi alors ma main posée dans l'herbe, et l'a serrée fort.

À toi,
Chloé

Sélection de titres publiés chez Oskar jeunesse
Pour plus d'information, consultez notre site :
www.oskareditions.com

Du même auteur, aux éditions Oskar

Vanilles et Chocolats

Julia est en CM2. Dans sa classe : seize filles, seize garçons, une entente parfaite. Jusqu'à l'arrivée d'un nouvel élève : Bruno le macho... Révoltée par la manière dont il traite les filles, Julia lance la classe dans une guerre sans merci entre les filles à la Vanille et les garçons au Chocolat...
Thèmes : différence entre filles et garçons, respect de l'autre
Collection : Roman Junior

Le Dragon du fleuve
Trilogie « L'Étoile d'Elnakin » Tome 1

Le pays de Panvor, sous le règne de la dynastie Stuc, est confiné dans les limites de son territoire. Privés de l'enseignement du passé, sans racines ni connaissances, les habitants de Panvor se préservent de tout : sentiments, douleur, culpabilité... Faune et flore sont cantonnées dans la Réserve, par peur d'une improbable contamination. Le gène de l'esprit critique a été découvert et supprimé chez la plupart des bébés. Pour assurer une fausse paix sociale, le gouvernement ne recule devant aucun moyen, si discutable soit-il. Mais deux enfants, Morgane et sa soeur Louna, vont, grâce à leurs étranges pouvoirs, bouleverser cet équilibre fragile et menteur...
Collection : Oskar Fantasy

Dans la même collection

Biton, Dominique

Jalouse

Sabine a une grande soeur qu'elle jalouse autant qu'elle l'admire. Elle lui en veut surtout, depuis qu'elle se sent délaissée. Elles étaient très complices autrefois, mais voilà que Sophie la néglige et mène sa vie de jeune adulte sans plus se soucier de sa cadette. Juste au moment où celle-ci aurait le plus besoin d'elle...

Thèmes : relations entre soeurs, adolescence

Cadier, Florence

Le poids d'un rêve

Liane, 12 ans, a déjà derrière elle, une longue carrière de mannequin pour jeunes... Mais cet été, pas de séances photos sur les plages ensoleillées : le corps de Liane s'est transformé, elle a quelques kilos en trop et de vilains boutons d'acné sont apparus. Aucun photographe ne l'a contactée. Liane est désespérée et son poids devient une obsession...

Thèmes : adolescence, anorexie

Chicheportiche, Josette

Lettres anonymes

Honorin, adolescent de 15 ans qui a perdu sa mère après sa naissance, vit avec son père une existence morose. Un jour, il reçoit une lettre anonyme, la première d'une longue série, qui va l'amener à changer son regard sur la vie et sur son père. Mais qui se cache derrière ces lettres anonymes ?

Thèmes : secrets de famille, mensonge, quête d'identité

Coatanlem, Pascal

Total Respect

Sam a le vertige. Sam a le blues... Sam n'en peut plus de vivre auprès de son père oisif, à l'esprit rongé par l'alcool. Son seul refuge est le salon de coiffure de sa mère. Mais cela ne suffit pas et Sam sombre peu à peu dans la petite délinquance pour se donner l'impression d'exister. Un jour, il découvre les péniches du quai Vallière, et un univers d'évasion qui va lui redonner le goût de vivre, s'ouvre à lui.

Thèmes : mal-être, relations parents/enfants

Delamarre Bellégo, Véronique

Sos Ange gardien

Kévin traverse une mauvaise passe. Comment les choses pourraient-elles s'arranger ? Il y aurait bien un moyen : appeler très fort son ange gardien et le supplier de voler à son secours. Encore faudrait-il que les anges existent...

Thèmes : adolescence, difficultés familiales, espoir

Deroin, Christine

Ma mère sans visage

Cathy a choisi de donner la vie... à Sylvère... en accouchant sous X. Un crayon à la main, elle met à nu son sentiment d'échec, ses angoisses et sa douleur. Dix-huit ans plus tard, Sylvère l'abandonné, devenu Bastien l'adopté, veut « reconstituer le puzzle et enfin être quelqu'un ». À la veille de rencontrer sa mère ressurgissent ses questions et ses angoisses.

Thèmes : accouchement sous X, relation mère/fils

Ferroul, Pascale

Un ange passe et ricane

Grégoire part vivre en Californie avec sa famille. Pour échapper à un quotidien qui l'étouffe, l'adolescent se laisse happer par la télévision : il vit au rythme des saisons de sa série préférée. Il préfère la fiction à une réalité plus sombre : son frère jumeau est handicapé...

Thèmes : mal-être, emprise de la télévision, handicap

Goislard, Julie

Viva Las Vegas

Monsieur Jacky, Elvis et moi

Elvis Presley est un mythe ? Peut-être pas pour Solange, « peste » de 14 ans, un peu perdue entre une mère qui reprend ses études et un père la tête dans les nuages... Pouvait-elle se douter que, grâce à une rencontre inattendue, le King allait chambouler sa vie et lui faire prendre conscience, qu'elle aussi, a un petit cœur qui bat ?

Thèmes : adolescence, premiers émois, quête d'identité, amitié

Grard, Françoise

Graine d'ortie

Marion partage avec sa cousine Hortense un petit appartement à Paris et découvre les charmes et les contraintes de la colocation. Le déracinement, sa nouvelle condition d'étudiante, et la fascination qu'exerce sur elle un couple de voisins se conjuguent pour pousser la jeune fille sur une pente dangereuse. Vulnérable et violente, orgueilleuse et complexée, Marion se brûle à la vie. Heureusement, une voix s'élève pour lui porter secours, celle de Pierre son ami de toujours.

Thèmes : amitié, passage à l'âge adulte, difficultés à affronter la vie

Hammer, Béatrice

Cet hiver-là

Cet hiver n'est pas un hiver comme les autres pour Marie et sa petite soeur, Violaine. Leur maman est hospitalisée car elle fait une dépression nerveuse. Tout en faisant le maximum pour que cette absence ne soit pas trop dure pour Violaine, Marie découvreun secret qui pourrait l'aider à comprendre pourquoi sa mère est tombée malade...
Thèmes : dépression nerveuse, secret de famille, rôle de l'aînée, grandir à travers les épreuves

Le Gendre, Nathalie

Graff'in love

Bastien, après un stupide accident de skate, voit s'écrouler son rêve de danseur de Hip Hop. Depuis, il danse sur les murs, une bombe de peinture à la main. Nina vit dans un cocon doré, mais sans amour. Ses rêves de danseuse se sont écroulés avant même qu'ils n'enflent. Aussi, lorsque les deux adolescents se rencontrent, leur art prend tout son sens. Ensemble, ils vont mêler leur souffle et leur cœur pour s'engager dans la voie de leur destinée...
Thèmes : Hip-Hop, peinture, adolescence, amour

Brune et Jules

Brune, 16 ans, est une adolescente discrète et a peu d'amis. Elle évolue dans un milieu familial difficile dans lequel elle n'est pas heureuse. Elle s'échappe de cet environnement

en dessinant et a un rêve secret : devenir comédienne. Un jour, elle rencontre Jules, un vieil homme. Avec lui, Brune va côtoyer le monde de la rue et apprendre à minimiser ses propres souffrances...
Thèmes : Difficultés familiales, monde de la rue, courage

Méliade, Stéphane

Je reviens de loin

Octobre 2005. Cassandre, Silène et Salomé sortent du collège et vont prendre le bus. Elles ne savent pas encore que cette journée va changer leurs vies. Avril 2010. Marie saute du pont d'une péniche et Cygne la repêche. Mais qui est Marie ? Elle semble connaître Cygne depuis toujours et en savoir beaucoup sur ce qui s'est passé 5 ans plus tôt...
Thèmes : décès, travail de deuil, danse, amitié

Percin, Anne

N'importe où hors de ce monde

Diane a seize ans, des cheveux dans les yeux et pas beaucoup d'amis. Au lycée, elle a pris l'habitude de passer inaperçue. Et même, parfois, elle disparaît : pas besoin de pouvoirs magiques, pour cela, une maladie suffit... Diane aime la musique, les garçons qui ont de beaux yeux et la poésie. Alors, puisque le monde est beau, tout de même, et qu'on y est jamais aussi seul qu'on le croit, elle va trouver un moyen d'exister...
Thèmes : adolescence, théâtre, trouver sa place

Perrier, Pascale

Mileann ou le secret des silences

Après le décès accidentel de sa mère et de ses deux frères, Mileann décide de découvrir le passé familial qu'on lui a toujours caché pour faire son travail de deuil. Elle ne se doute pas de ce qu'elle va découvrir quand elle décide de se rendre, en cachette de son père, aux Quintanelles, le village natal de ses parents dont elle ignore tout. En même temps qu'elle comprend ce que sa famille cherche à oublier, Mileann va tenter de se reconstruire.

Thèmes : secret de famille, travail de deuil

Sanvoisin, Éric

Le garçon aux oreilles en feuille de chou

Après bien des complications, Yohan naît avec des oreilles qui « dépassent la taille moyenne généralement constatée ». En grandissant, ses oreilles ont, elles aussi, continué à se développer. Vers 4 ans, Yohan s'est mis à avoir très mal aux oreilles. Verdict du médecin : otite. Durant des années, il a souffert, cumulant les visites chez le médecin et les poses des yoyos. Mais un jour, les otites ont disparu, Yohan était enfin soulagé. Il pensait que le cauchemar était terminé. Il ne se doutait pas que son entrée en sixième annonçait un nouveau calvaire : les moqueries de ses camarades...

Thèmes : moquerie, apprendre à s'accepter

Senger, Geneviève

Regarde-moi !

De retour de vacances, Clara découvre qu'elle a pris trois kilos. S'ensuit une descente aux enfers : la jeune fille, qui n'accepte plus son corps, se met en danger. Elle recherche la perfection et frôle l'anorexie. Mais de mystérieuses lettres vont lui donner envie de renouer avec son image...

Thèmes : anorexie, adolescence

Vanneau, Anne-Zoé

Mon père est un baobab

Zelda a 17 ans quand elle apprend que son père vient de mourir subitement, sur l'île de Madagascar. Pour surmonter son chagrin et apprivoiser la douleur qui la tenaille, elle décide d'écrire...

Thèmes : décès du père, travail de deuil

Publié par les éditions Oskarson (Oskar Jeunesse)
21, avenue de La Motte–Picquet – 75007 Paris
Tél. : +33 (0)1 47 05 58 92 /
Fax. : + 33 (0)1 44 18 06 41
E–mail : oskar@oskareditions.com
Site Internet : www.oskareditions.com

Auteur : Florence Hinckel
Illustration de couverture : Anna Ladecka
Conception graphique, direction artistique : Agence Sariska
Mise en page : Clémence Préaux
Relecture : Laure Chauvel
Direction éditoriale : Françoise Hessel

ISBN : 978–2–3500–0610-9
Dépôt légal : Septembre 2010
Imprimé en Europe
Loi n° 49–956 du 16 juillet 1949 sur les publications destinées à la jeunesse